GOTTFRIED RICHTER · ROMANISCHES BURGUND

GOTTFRIED RICHTER

ROMANISCHES BURGUND

ZUR GESCHICHTE DES CHRISTLICHEN ABENDLANDES

URACHHAUS

ISBN 3 87838 257 X
3. Auflage 9.–14. Tausend

Satz und Druck Offizin Chr. Scheufele, Stuttgart.

Vorgeschichte 9

Tournus 13

Cluny 23

Paray-le-Monial 40

Montceaux-l'Etoile – Anzy-le-Duc – Charlieu –
Neuilly-en-Donjon 57

Perrecy-les-Forges – Autun – Saulieu 80

Vézelay 120

Ausblick 146

Zu den Bildern 153

Register 163

BURGUND

Zunächst waren wir hingefahren, um einiges, von dem wir längst wußten, endlich einmal in Wirklichkeit zu sehen. Aber das hatten wir nicht geahnt, was alles uns erwartete. Welche Fülle von Herrlichkeiten! –

Jahr um Jahr fuhren wir wieder hin. Jedes Jahr brachte neue Entdeckungen. Und schließlich wurde es eine Reise nicht nur in einen zauberhaften Raum, sondern in eine immer lebendiger auftauchende Zeit, ja endlich in eine Sphäre konkreter Begegnungen mit den geschichtsbildenden Mächten. Man fühlte sich wie jener, der ausgezogen war, eine Eselin zu suchen, und ein Königreich fand.

Bei dem Versuch, das, was sich im Laufe der Jahre ergeben hatte, darzustellen – wie hätte man es nicht preisen sollen! –, erwies es sich bald als das Fruchtbarste, der immer wieder eingeschlagenen Reiseroute zu folgen. Denn es zeigte sich, daß sie – im großen Ganzen – mit dem Weg übereinstimmte, den die Geschichte selbst dem Lande eingeschrieben hat und der ein so bedeutungsvolles Stück des Menschheitsweges sichtbar macht. Seiner gewahr werden aber bedeutet ja, beglückt dieses unseres eigenen Weges wenigstens für einen Augenblick wieder gewiß werden.

Ein solches Buch muß immer zugleich ein Buch des Dankes sein. So sei es das vor allem: ein Dank an die freundlichen Genien dieses Landes, die uns allerorten so viele Wunder sehen ließen. Ein Dank an die vielen Freunde, mit denen wir diese Reisen unternehmen durften.

Die Neuauflage gab Anlaß, das Buch noch einmal im Ganzen durchzusehen. Mit Befriedigung konnte festgestellt werden, daß im Text keine wesentlichen Änderungen vorzunehmen waren.

Es verstärkte sich die Empfindung des Dankes gegen dieses Land, das in seinen Bauwerken die Erinnerung bewahrt hat an Urerlebnisse des Menschlichen und Christlichen, die ohne dieses niemals so erschienen wären.

Dank muß auch dem Verlag gesagt werden, der viel Mühe aufgewandt hat, die Ausstattung des Werkes so zu verbessern, daß der Leser jetzt immer an der entsprechenden Textstelle die dazugehörige Bildtafel findet.

Ulm, Ostern 1979 — Gottfried Richter

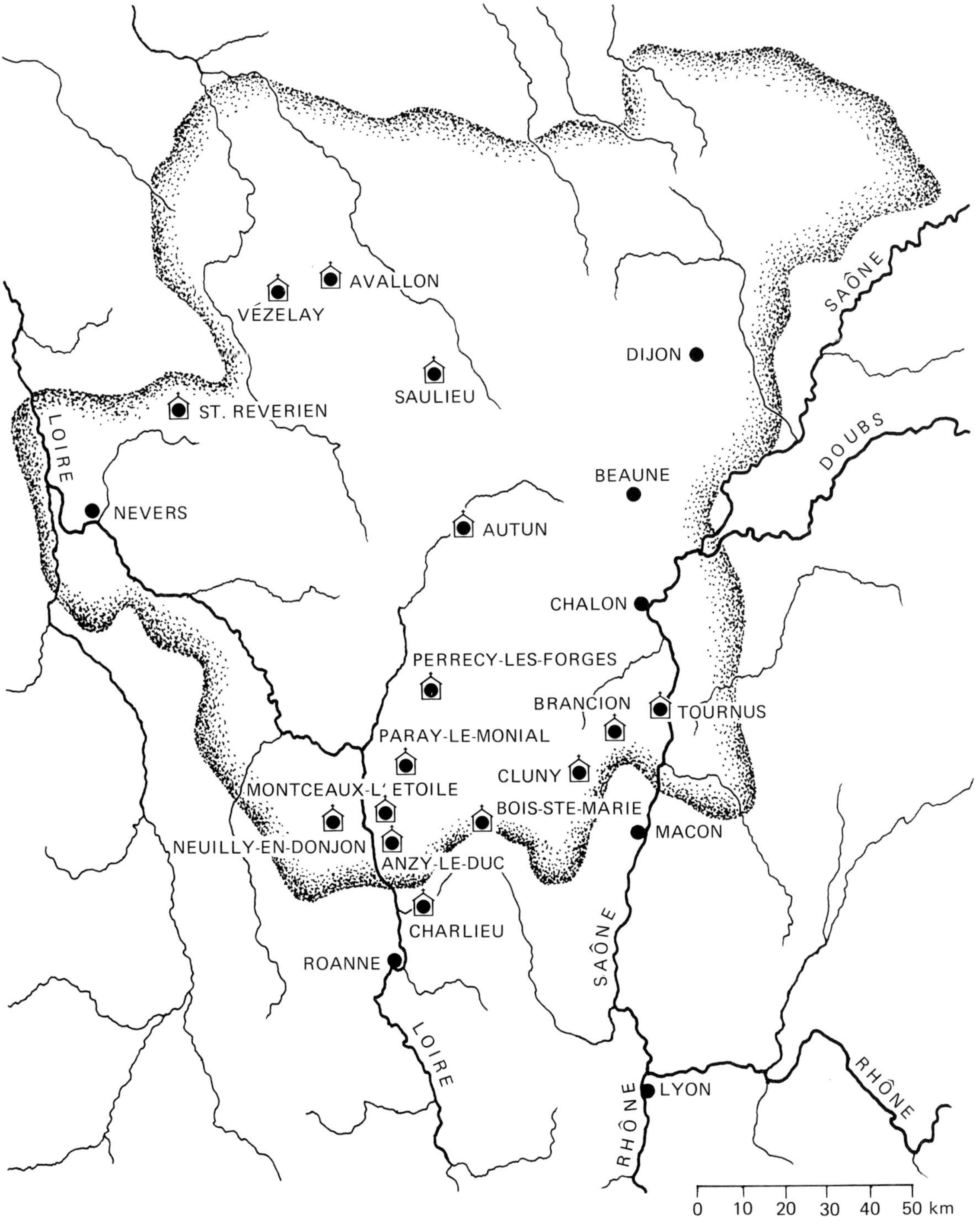

Ungefähre Grenze des Herzogtums Burgund im 12. Jahrhundert

Im Text behandelte romanische Kirchen

VORGESCHICHTE

Was kann uns Heutigen die burgundische Romanik in der Bourgogne bedeuten? – Der Gesichtspunkt, unter dem hier ein Versuch unternommen wird, sie darzustellen, ist nicht nur der, daß da eine Fülle von ergreifender Schönheit und höchst Interessantem versammelt ist. Auch das würde einen solchen Versuch wohl rechtfertigen. Aber was hier vorliegt, ist mehr. Die burgundische Romanik gewährt uns einen Blick in jenen lebendigen und geheimnisvollen Prozeß, in dem das christliche Abendland – dies Wort in seinem tiefsten und weitesten Sinne verstanden – geboren wurde. Gewiß, es ist nur ein Ausschnitt, der in diesem verhältnismäßig kleinen Gebiet vor uns steht, aber ein besonders bedeutungsvoller.

Wir bezeichnen als Bourgogne oder Burgund ein Gebiet, dessen östliche Grenze etwa die Saône, dessen westliche die Loire bildet, das im Süden bis nicht ganz zur Linie Lyon–Roanne und im Norden bis etwa Vézelay reicht. In der weitgeschwungenen Hügellandschaft dieses Gebietes hat von der 2. Hälfte des 10. Jahrhunderts an bis um die Mitte des 12. Jahrhunderts die Entwicklung stattgefunden, deren Zeugnisse die romanischen Kirchenbauten sind. Eine Entwicklung, die weit über die Grenzen dieses Gebietes hinaus bedeutsam war. Es war einer der Orte, wo damals das Herz der Menschheit schlug. Und deshalb füllen die freilich nur selten gut erhaltenen Kapellen, Kirchen und Kathedralen dieses Land – man möchte fast sagen: bis zum Rand.

Will man, was damals geschah, sich deutlich machen, so ist es notwendig, zunächst einen Blick auf den Boden zu werfen, aus dem dies bewundernswerte Wachstum hervorgelockt wurde, der es zu »tragen« vermochte.

Ursprünglich war dies Gebiet wie ganz Frankreich von *Kelten* bewohnt. Ihre Kultur darf man sich nicht zu primitiv vorstellen. Es gab z. B. nicht nur dörfliche Siedlungen, sondern richtige Städte, wenn auch die keltische Kultur auf architektonischem und plastischem Gebiet nicht eigentlich fruchtbar wurde. Sie pflegte stärker das dichterische und musikalische Element, von dem freilich nur Nachklänge erhalten sind. Aber die in vielen Ausstellungen der letzten Jahre bewunderten Erzeugnisse einer meist dem Kultischen dienenden »Kleinkunst« sprechen sehr vernehmlich von einem ins »Äußere« überquellenden, reichen inneren Leben.

Dann kamen die *Römer*. Und nun muß sich dort eine äußerlich große, reiche und blühende Kultur entwickelt haben. Es gab nicht nur befestigte Lager und Kastelle einer volksfremden Besatzungsmacht. Die Römer wurden heimisch in diesen Gebieten. Es gab Tempel, Theater und – z. T. berühmte – Schulen. Unzählige Grabsteine bezeugen, wie fest Rom in diesem Boden wurzelte. Auch in dieses Gebiet strahlte etwas von dem herein, was die südlich ja unmittelbar angrenzende

Provence charakterisiert, die in solchem Maße romanisiert war, daß man sie eben als »provincia« ansah, die den italienischen Provinzen gleichgestellt wurde. Von Cäsars Tagen bis in die Jahre der Völkerwanderung, also etwa vier Jahrhunderte hindurch, herrschten und lebten hier die Römer und prägten ihre Sprache und vieles von ihrem Wesen dem Lande ein.

In dieser Zeit kam auch das *Christentum* ins Land. Spätestens im 2. Jahrhundert muß es die ersten christlichen Gemeinden gegeben haben, Gemeinden also, in denen der ganze zarte und geistesmächtige Zauber des frühen Christentums lebte, wie er uns von den Wänden der Katakomben und den frühen Sarkophagen entgegenleuchtet. Es sind genügend Zeugnisse davon erhalten. Aber auch die Christenverfolgungen kamen hierher. Und die Erinnerung daran lebt in den Namen vieler Kirchen fort, die uns unbekannten Heiligen geweiht sind, Märtyrern eben, die dort oder in der Nähe gelebt haben und gestorben sind. Und auch der so häufig wiederkehrende Name St. Etienne (St. Stephan) macht mit der Beschwörung jenes ersten Märtyrers deutlich, daß diese Zeit und diese Form der Bewährung sich dem Bewußtsein tief eingeprägt haben.

Dann, unter den Stürmen der Völkerwanderung, brach alles zusammen. Städte sanken in Schutt und Asche, wurden kleiner wiederaufgebaut, aber nur, um erneut zerstört zu werden. Das Land entvölkerte sich. Alle alten Ordnungen zerbrachen. In dieser Zeit kamen die *Burgunder* ins Land. Es geschah, scheint es, nicht durch eigentliche Kriegszüge, sondern durch eine friedliche und allmähliche Landnahme, die sie in ein weithin von Menschen entblößtes Land führte. Jetzt vermählte sich mit den Resten des keltischen und romanischen Elementes das germanische.

In dem allgemeinen Trümmerfeld erhalten geblieben waren die christlichen Gemeinden. Zwar war von dem eigentlichen Geist des Christentums, wie er in den frühen ersten Jahrhunderten wirksam war, nicht mehr viel zu spüren. Aber es gab doch allerorten Priester, die die Messe zelebrierten, es gab Bischöfe, und die germanischen Eroberer oder Eindringlinge nahmen die Taufe. Auf das Leben der Menschen allerdings hatte das keinen allzugroßen Einfluß. Gewalttätigkeit und Kämpfe um Macht und Besitz bestimmten die ganzen folgenden Jahrhunderte.

Ein neuer Einschlag war indessen um das Jahr 500 mit der iroschottischen Mission, insbesondere mit dem großen *Columban* gekommen. Nun entstanden vielerorten Klöster, die unter einer sehr strengen Regel standen. Es war eine viel mehr von griechischem als von römischem Geiste bestimmte Vermählung des Keltentums mit dem Christentum. Eine Ordnung im Großen vermochten freilich auch diese Sendboten nicht zu begründen.

Auch die Versuche, dies mit den Mitteln der Macht und der Politik zu erreichen, waren zunächst zum Scheitern verurteilt. Die Reiche, die die Merowinger und dann Karl der Große und seine Nachfolger begründeten, schufen immer nur sehr begrenzte und kurzfristige Befriedungen. Sie waren eigentlich nur Beweise, daß aus den alten keltisch-germanischen Erbschaften, aus denen heraus sie lebten, die Kräfte zu einer neuen Ordnung nicht zu gewinnen waren.

Wie war nun aus alldem heraus die Situation zu Beginn des 10. Jahrhunderts? – Man macht sich meist gar nicht recht klar, daß von einer irgendwie führenden Stellung des Abendlandes in dieser Zeit überhaupt keine Rede sein kann. Frankreich, Deutschland, Italien, England und Skandinavien waren – etwas überspitzt gesagt – Trümmerfelder und Wildnis, wo nur sehr schwache Ansätze zu einer Kultur zu bemerken waren, zerrissen von nie endenden Kämpfen. So mußte es jedenfalls von den beiden Reichen her aussehen, die damals mit Recht sich als die einzigen führenden Kultur-Nationen fühlen konnten: das immer noch mächtige *oströmische* Reich mit der Hauptstadt Konstantinopel, das Griechenland und nicht unbedeutende Teile des vorderasiatischen Gebietes beherrschte, einerseits, und das *islamische* Reich der Araber andererseits, das sowohl in den südlicheren Gebieten Vorderasiens als auch im ganzen südlichen Mittelmeergebiet, in Nord-Afrika und Spanien eine große und reiche Kultur entwickelt hatte. In beiden Reichen, in jedem auf seine eigene Art, blühten Künste und Wissenschaften. Bedeutende Städte waren Mittelpunkte mächtiger Lebensströme. In großartigen Palästen wurden kaum vorstellbare Kostbarkeiten aufgehäuft. Hier herrschten Macht und wohlgeordnete Verhältnisse.

Auf diesem Hintergrund muß man einmal den Bericht der Synode von Troslé im Jahre 909 von den Zuständen im Frankenreich lesen: »Die Städte sind entvölkert, die Klöster zerstört und verbrannt, das Land ist zur Wüste geworden. So wie die ersten Menschen auf dieser Erde ohne Gesetz und Gottesfurcht lebten, nur den Leidenschaften hingegeben, so tut auch jetzt ein jeder, was ihm gutdünkt, und verachtet göttliche und menschliche Gesetze und die Gebote der Kirche. Die Starken knechten die Schwachen. Die Welt ist gewalttätig gegen die Armen und plündert das Gut der Kirche. Die Menschen verschlingen einander wie die Fische im Meer.«

Und doch lag über diesem verwüsteten und wilden Lande – und gehört das nicht zu den erregendsten Rätseln? – die Verheißung, daß hier und nicht dort in jenen reichen und mächtigen Staaten die Menschheit einst ihre nächsten großen Schritte tun, ja, daß von hier aus die ganze Erde verwandelt werden sollte. Und so unbegreiflich es ist: Es muß etwas wie ein leises Bewußtsein davon wenigstens in einzelnen Menschen vorhanden gewesen sein. Schon ein Enkel jener Generation, aus der der oben wiedergegebene Bericht stammt, Gerbert von Aurillac, Erzbischof von Reims, schrieb gegen Ende dieses Jahrhunderts an Otto III.: »Man soll in Italien nicht meinen, daß Griechenland allein sich der römischen Macht und der Philosophie seines Kaisers rühmen kann. Unser, ja unser ist das Römische Reich! ... Unser Augustus bist du, o Caesar, der Kaiser der Römer. Entsprossen aus edelstem griechischem Blute, übertriffst du die Griechen an Macht, beherrschst die Römer durch dein ererbtes Recht und überragst beide an Weisheit und Beredsamkeit.«

Das war nun freilich auch Ausdruck dessen, was im Lauf dieses Jahrhunderts in Deutschland geschehen war. Denn schon von seinem zweiten Drittel an hatten hier die Verhältnisse sich zu ordnen und zu konsolidieren begonnen. Unter Otto I. und seinen Nachfolgern entstand das deutsche Kaisertum, begann auch das geistige und künstlerische Leben neu zu atmen.

Währenddessen blieben im Westen die Dinge noch weiter im Fluß. Zu den fortwährenden Fehden und Raubzügen der Adligen untereinander gesellten sich die Einfälle von außen. Vom Norden und Westen brachen immer wieder die *Normannen* ein, plünderten, raubten und mordeten und brachten im Herbst »die Sommerernte« heim. Und es waren nicht nur die Küsten, die sie überfielen. Auf den Flüssen drangen sie weit ins Land. Vom Süden her kamen die *Sarazenen,* die Sizilien und weite Strecken Italiens erobert hatten, das ganze westliche Mittelmeer unsicher machten, im Süden Frankreichs einen festen Stützpunkt hatten und von hier aus bis in die burgundischen Gebiete einfielen. Von Osten aber brachen immer wieder bis in diese Gegenden die wilden Reiterscharen der *Ungarn* herein.

Unter diesen Umständen verfiel auch das *kirchliche* Leben. Die Klöster, soweit sie noch bestanden und über einiges Vermögen verfügten, wurden von den Adligen in Besitz genommen. Hugo Capet, der erste der Capetinger-Könige, der doch wahrhaftig nichts von einem Mönch an sich hatte, war noch am Ende dieses Jahrhunderts »Abt« der reichsten Abteien seines Gebietes. Allerorten wurden Bischofssitze und Klöster von den Fürsten als Lehen an ihre Gefolgsleute vergeben. Die höheren Kirchen-Ämter waren ein Vorrecht des Adels geworden, und viele von diesen Kirchenfürsten, wie Archimbald, Erzbischof von Sens, »verschwendeten die Einkünfte ihrer Bischofssitze an ihre Geliebten und Zechgenossen«.

So sah es wie in ganz Frankreich auch in Burgund aus. Das muß man wissen. Denn dann erst stellt sich in seiner ganzen Größe das Wunder vor einen, wie nun, als um die Jahrtausendwende endlich doch eine gewisse Beruhigung der Verhältnisse eintrat, sogleich ein wunderbarer Reichtum geistig-künstlerischen Lebens aus diesem so gründlich durchgepflügten Boden aufzusprießen begann.

Weder das germanische noch das keltische noch das römische Element vermochten das, auch nicht die in tiefem Verfall liegende Kirche oder das iroschottische Erbe. Man darf die Kräfte des Bodens nicht mit den gestaltbildenden Kräften einer Pflanze verwechseln. Sie können deren Wachstum fördern oder hemmen und womöglich modifizieren, mehr aber nicht. Denn was hier emporwächst, zeigt von Anfang an eine fest geprägte, ganz eigene, neue Gestalt.

Was ist das Wesen, das sich in dieser Gestalt ausspricht? Das ist die Frage, die uns beschäftigen soll.

TOURNUS

Das ist der Ort, der sich dem von Osten Kommenden als großartigstes Eingangstor öffnet. Unmittelbar an der Grenze des Landes gelegen, ist die Kirche St. Philibert zugleich der Bau, der wenigstens zum Teil in die ersten Anfänge dieser langen Geschichte zurückreicht. Auf einem Hügel über der Saône, von der aus man einen eindrucksvollen Blick auf dies erstaunlich mächtige Bauwerk hat, liegt die einstige Klosterkirche. Steigt man dann durch enge, uralte und winklige Gassen zu ihr hinauf und kommt schließlich von Westen an sie heran, muß man zwischen zwei mächtigen runden Wehrtürmen hindurch und steht plötzlich vor einer ungeheuer aufwachsenden Wand, deren Gewaltigkeit noch durch die beiden viereckigen, aus ihr emporsteigenden Türme gesteigert wird (Abb. 1). Denn erst ganz oben beginnen sie sich durch Blendarkaden aus dieser Wand herauszulösen und erheben sich – ursprünglich beide eigentlich nur kurze massige Turmstümpfe – kaum über das Schiff. Die flachen Arkaden der unteren Geschosse gehen noch über die ganze Breite der Wand, ohne etwas von ihnen ahnen zu lassen. Dadurch entsteht aber der Eindruck, daß sie da unten ganz in ihr drinstecken, ja daß eigentlich die ganze ungeheure Wand mächtiger Turm ist.

Dieser Eindruck wird auch nicht etwa durch ein Portal gemildert. Denn das jetzt in der Mitte dieser Westwand befindliche ist eine ganz späte, vielleicht erst im 19. Jahrhundert eingefügte Nichtigkeit ohne jedes Gewicht.

Wenn man dann – linkerhand hat man die Reste der alten Umfassungsmauer des Klosterbezirkes – an der nur von kleinen Rundbogenfenstern und schmalen, schießschartenähnlichen Schlitzen durchbrochenen Nordwand entlang zum Chor geht, verstärkt sich der Eindruck des Urtümlichen noch mehr (Abb. 2). Die drei viereckigen Apsiden, die da radial aus dem Halbrund des eigentlichen Chores herauswachsen, sind z. T. aus rohen Bruchsteinen aufgemauert. Und auch hier wieder nur kleine Fenster. Nach Süden schlossen sich die Klostergebäude an, von denen einiges erhalten ist, vor allem der sich unmittelbar an die Südwand der Kirche anlehnende Kreuzgang (Abb. 7).

Es gibt wenige Kirchen, die, auch nur ähnlich in sich abgeschlossen, so wenig nach außen sich öffneten. Um so gewichtiger fühlt man von außen schon das Geheimnis des Innenraumes, den dieser mächtige Bau in sich verschließt.

Man betritt die Kirche durch eine kleine Seitenpforte im Süden. Welches Erlebnis! Das erste, worin man sich nun wiederfindet, ist eine dreischiffige Vorhalle, dunkel, das niedrige Gewölbe von Säulen getragen, so ungeheuer, wie man noch nie welche gesehen zu haben glaubt (Abb. 3). Dann aber öffnet sie sich unmittelbar, ohne trennende Wand, in die drei Schiffe der Kirche hinein ins Lichte und zu überwältigender Höhe, auch die Seitenschiffe nur wenig niedriger als das Mittel-

1. Tournus. Westwerk ▷
2. Tournus. Chor ▷

schiff (Abb. 4, 5). Wie riesige Türme oder Schiffsmaste wachsen die das Gewölbe tragenden Säulen empor, ohne Basis und Kapitäl, aus roh behauenen Steinen, die wie sehr große, nur etwas ungleichmäßige Ziegel wirken, aufgemauert. Die großen Gurtbögen des Mittelschiffes, von kleinen Säulchen, die einfach auf dem Kranz der großen Säulen aufstehen, über die Seitenschiffe emporgehoben, sind kunstvoll aus abwechselnd hellen und dunklen Steinen gefügt. Das aber ist das einzige »Schmuck«-Element.

Die Gewölbe der Seitenschiffe sind einfache Kreuzgewölbe. Für das Mittelschiff hat man eine Lösung gewählt, die vom technischen Standpunkt sehr naheliegend und in gewisser Weise die einfachste ist, die aber bezeichnenderweise trotzdem kaum jemals wieder angewandt wurde: Es sind quergestellte Tonnengewölbe, ähnlich also der Art, wie man Brücken anzulegen pflegt.

In diese großen Räume hinein öffnet sich oben von hinten her mit zwei gedoppelten, schön geformten Rundbogenfenstern ein dritter Raum, dem die mächtige Vorhalle nur als Podest diente und der trotz der gegenwärtigen Ungepflegtheit wiederum tief eindrucksvoll ist (Abb. 6). Er wird von ebenso mächtigen Säulen wie die Vorhalle unten getragen, ist aber doppelt so hoch und sehr licht. Er war ursprünglich eine Kapelle, geweiht dem Erzengel Michael, d. h. nach den Vorstellungen jener Zeit: der Raum, in dem er wohnte.

Was waren es für Menschen, die diese Räume, diese Mauern, diese mächtigen Säulen gebaut haben?

An der Stelle des heutigen Tournus befand sich zur Römerzeit ein, am Flußübergang sicher nicht unwichtiger, militärischer Stützpunkt. Schon im 2. Jahrhundert ist eine christliche Gemeinde bezeugt. Sie überstand die folgenden Jahrhunderte und betrachtete als ihren Schutzpatron, dessen Andenken und dessen Reliquien sie bewahrte, den Märtyrer *St. Valérien.* So blieb es bis ins 9. Jahrhundert, eine kleine Ortschaft, die sich um eine St. Valérien geweihte Kapelle scharte.

Da kam im Jahre 875 – so können wir es uns vorstellen – eines Tages ein seltsamer Zug, eine kleine Schar fremder Mönche an. Sie kamen von weither und brachten als größte und wohl einzige Kostbarkeit die Gebeine des Begründers ihrer Gemeinschaft mit. 40 Jahre waren sie unterwegs, und sie werden sicher nicht versäumt haben, diese Zeit mit den 40 Jahren zu vergleichen, die einst die Israeliten brauchten, bis sie von Ägypten aus das Ziel ihrer Wanderung erreichten. *St. Philibert*, dessen Gebeine sie mit sich trugen, hatte im Jahre 684 auf der etwas südlich von St. Nazaire und der Loire-Mündung gelegenen Insel Noirmoutier eine klösterliche Gemeinschaft begründet, deren Regel, wie es in Frankreich oft geschah, eine Verbindung der Regel des heiligen Benedikt mit der des heiligen Columban darstellte. Anfang des 9. Jahrhunderts aber kommen die Normannen. Die Mönche fliehen, zunächst nur wenige Kilometer landeinwärts. Im Winter kehren sie wieder auf die Insel zurück. Aber die Normannen kommen wieder und wieder – und endlich (im Jahre 835) müssen sie sich entschließen, die geliebte Insel mit all ihren teuren Erinnerungen endgültig aufzugeben. Sie ziehen ostwärts und finden bald Aufnahme. Aber kaum zwölf Jahre – da kommen die kriegerischen Horden auch dorthin. So fliehen sie immer weiter, Station um Station, aber sie geben nicht auf. Unentwegt hüten sie das ihnen kostbare Heiligtum. Bis sie dann endlich in Tournus

3. Tournus. Vorhalle
4. Tournus. Mittelschiff ▷
5. Tournus. Innenansicht ▷

bleiben können. Und der Glanz dieses Heiligen, dessen Kraft es doch vermocht hatte, daß diese Schar armer Mönche nicht auseinandergesprengt wurde, daß sie all die Mühsale des langen Weges unerschüttert ertragen hatten, überstrahlte bald den des heiligen Valérien, wenn auch dessen Verehrung deshalb nicht aufhörte.

Diese Mönche gründeten das Kloster St. Philibert zu Tournus.

Nun lag, als die jetzige Kirche gebaut wurde, dies alles schon 100 Jahre zurück.* Aber uns scheint, kennt man diese Geschichte, so versteht man diesen Bau. Der Geist dieser Menschen lebt in ihm weiter. Und umgekehrt: von diesem Bau her versteht man jenen sagenhaften Zug und die Menschen, die ihn vollbrachten, besser.

Was St. Philibert in Tournus so eindrucksvoll macht, ist die Verbindung einer ungeheuren, in der Massigkeit der Mauern und Säulen und der ganz auf das Elementare und Notwendige sich beschränkenden Architektur zum Ausdruck kommenden Willenshaftigkeit mit einer zugleich fast zarten Innerlichkeit, die in der Lichte und Höhe des Innenraumes sich äußert. Dieser Bau ist von Menschen geschaffen und erzählt von Menschen, die mit einer uns Heutigen ganz ungewohnten Stärke einen gewaltigen, lichterfüllten Innenraum der Seele emporwölbten und ihn gegen eine fremde und feindliche Außenwelt zu bewahren und zu verteidigen die Kraft hatten. Er spricht von seelischen und geistigen Eroberungen und Überwindungen, von Heldentaten des Menschlichen, von einem Zeitalter, das Urkräfte der Menschlichkeit zur Offenbarung brachte.

Wären diese Menschen so gewesen, wie der oberflächliche Geist unserer Zeit sie gern sehen möchte, wären ihnen die Reliquien ihres Meisters nur etwas wie ein Fetisch gewesen –, warum hatten sie sie nicht längst in die Loire geworfen, da sich doch so vielfach erwiesen hatte, daß diese offenbar nicht die Kraft hatten, sie vor den Übeln zu bewahren? Warum, nachdem ihre Existenzgrundlage, das Kloster, zerstört und immer wieder zerstört war, liefen sie nicht davon in das doch so viel leichtere Leben der Welt? Warum? Weil in ihnen Erfahrungen, sehr elementare und kraftvolle Erfahrungen waren von einer inneren lichtvollen Welt, die immer wieder aus dem Zusammenbruch des Äußeren aufersteht! Dieser lichten inneren Welt machtvoller Erhebung bauten sie in St. Philibert ihr Haus.

Wie eine geheimnisvolle Rune ist dieser Bau. In ihm verbirgt sich, noch kaum ahnend erfaßbar, was dann bald sich zu entfalten begann. Er erzählt von einer Zeit, in der das Bauen noch keine Fertigkeit, sondern – wie das Leben – ein Abenteuer war.

* Auch das waren keine ruhigen Jahre. Ein Ungarn-Einfall verwüstete wie die ganze Gegend so auch das Kloster. Eingriffe der Grafen von Chalon brachten es erneut in Gefahr usw.

6. Tournus. Michaelskapelle

CLUNY

Wenn man – von Tournus kommend, die kaum dreiviertel Autostunden durch die hügelige Landschaft fahrend und fast in jedem Dorf eine romanische Kirche erblickend – an einer Wegbiegung plötzlich Cluny unter sich liegen sieht, möchte man fast nicht glauben, daß dies nur ein Schatten seiner selbst ist. So groß und eindrucksvoll wirkt der mächtige Turm, der da mit einem kleineren Gefährten zusammen aufwächst (Abb. 8). Und erst wenn man angekommen ist, zeigt sich die ganze Trostlosigkeit der Zerstörung. Diese kleine Stadt war doch einmal Teil des weiteren Klosterbezirks. Die uralten romanischen Häuser, die Umwallung, die festen Türme bewahren die Erinnerung daran. Aber von der bis zum Neubau der Peterskirche in Rom größten Kirche des Abendlandes, die das Herzstück von alldem war, sind nur kümmerliche Reste und Trümmer geblieben. Und sie war doch einmal der Thronsaal eines mächtigen Reiches des Geistes, nicht nur in Burgund und Frankreich, sondern im ganzen Abendland.

Die Begründung von Cluny fiel noch in jene stürmisch bewegte Zeit, der St. Philibert in Tournus seine Entstehung verdankt. Im Jahre 910 bot Herzog *Wilhelm* von Aquitanien dies Stück Land, auf dem damals nichts als ein kleines, schon in römischer Zeit erbautes Landhaus zusammen mit ein paar Bauernhütten stand, einem Manne an, zu dem er offenbar das größte Vertrauen hatte: *Bernon,* damals Abt von Baume und Gigny. Ob er es unternehmen wolle, hier ein Kloster zu gründen? Bernon nahm an. Die Schenkungsurkunde enthielt die Bestimmung, daß dies neuzugründende Kloster völlig unabhängig sein sollte sowohl von weltlichen als auch von geistlichen Fürsten; allein dem Papst sollte es unterstehen. Die einzige Bedingung war, daß die Mönche in ihre Gebete die Fürbitte für die Seele des Stifters aufnähmen.

Es gab also in einer Menschheit, die im allgemeinen eher bestrebt war, Klöster auf jede nur mögliche Weise zur Mehrung ihrer Macht und ihres Besitzes einzuziehen, auch eine entgegengesetzte Strömung, die sich des Eigentums und der Macht entäußerte, um freie Stätten des Geistes zu begründen. Und in einer Zeit, von der wir sonst eher den Eindruck gewinnen, daß die Menschen bedenkenlos ihren Trieben folgen, sind welche da, die plötzlich ihre Seele und ihr Unsterbliches als eine nicht zu übersehende Realität wahrnehmen.

Die Bestimmung über die Souveränität des Klosters – die Unterstellung unter den Papst hatte einerseits wegen der Machtlosigkeit, andererseits wegen der Verachtung, der die Päpste jener Zeit infolge ihrer unbeschreiblichen Verbrechen und Scheußlichkeiten unterlagen, gar keine praktische Bedeutung – besaß aber auch ihre Kehrseite. Keinen Herrn zu haben, bedeutete gleichzeitig: keinen Beschützer zu haben. Mitten in einer Welt, die immer noch von beständigen großen und kleinen Kriegen und Raubzügen durchtobt war, verlangte das nicht ganz gewöhnliche Kräfte des Mu-

7. Tournus. Kreuzgang

tes und des Vertrauens zum Geistigen. Des Vertrauens, daß es sich den anderen Mächten nicht nur ebenbürtig, sondern überlegen erweisen würde.

Der Mann, in dem offenbar dies mutvolle Vertrauen besonders lebendig war, Bernon, der Begründungsabt von Cluny, stammte aus einem burgundischen Adelsgeschlecht. Er war Mönch in Anzy-le-Duc gewesen, hatte dann auf seinem eigenen Besitz in Gigny ein Kloster gegründet und war als Abt nach Baume berufen worden, das dortige Kloster zu reformieren. Die Klöster jener Zeit waren ja weithin nicht nur äußerlich, sondern auch innerlich verfallen. Gleichgültigkeit und

Die Zeichnung (nach Prof. Conant) versucht den Anblick wiederzugeben, den Cluny um 1120 geboten haben mag. Links Cluny III, noch ohne die erst in den folgenden Jahrzehnten erbaute Vorhalle. Rechts das sogenannte »Palais des Papstes Gelasius«, dahinter die Türme der um die Jahrtausendwende errichteten Kirche Cluny II, die noch eine Weile neben der neuen großen Kirche stehenblieb. Das »Palais des Papstes Gelasius« – eigentlich das Gästehaus – erhielt seinen Namen nach dem Papst Gelasius II., der sich 1118 von Rom nach Cluny flüchtete, diesen Bau als Wohnung erhielt und dann dort starb. Es stellte zugleich den Eingang in den eigentlichen Klosterbezirk dar.

Zuchtlosigkeit der Mönche entfremdeten sie ebenso ihrer Bestimmung wie die Machtgier der Großen. Und hier beginnt wieder das Wunder. Die Wiederherstellung ging nicht von der Bischofskirche aus. Der Impuls dazu entzündete sich plötzlich in einzelnen Menschen. Bernon gehörte zu den Einzelnen, in denen das Feuer einer bedingungslosen Hingabe an das Geistige aufbrannte, verbunden mit dem Wissen, daß es nur dort wahrhaft leben kann, wo Menschen sich unter die Strenge der Regel und der Zucht stellen. Das war es offenbar, was ihn nirgends hatte ruhen lassen. Das war der Grund, auf dem Cluny emporwuchs.

Hier lebte die gleiche machtvolle Willenshaftigkeit um eines im Inneren aufwachsenden Lebens willen, die uns schon in Tournus begegnet ist. Dies steile Emporwachsen über alles nur irdische Maß, auch über alle äußeren Gefährdungen.

Bernons Nachfolger *Odon* (926–942) hatte, als junger Mann an die Klosterpforte klopfend, hundert Handschriften, eine in jener Zeit unschätzbare Kostbarkeit, und – was noch bedeutungsvoller war – eine große Begabung und Liebe zur Musik und zur Dichtkunst mitgebracht. Von nun an war Cluny eine besondere Pflegestätte auch dieses musikalisch-dichterischen Elementes. Das bedeutet, daß bei aller Strenge nicht asketische Engherzigkeit Cluny bestimmte, daß hier vielmehr der weite Atem einer Geistigkeit wehte, die alle Kräfte der Seele wecken und formen wollte. Das das Mysterium des Altars, also den Aufgang des Göttlichen im Irdischen, feiernde liturgische Element war Ausdruck dafür. Auch bei Odon aber war es verbunden mit dem Willen, dies Geheimnis nicht nur in der Stille zu hüten, sondern es in die Welt zu tragen, die Welt davon ergreifen zu lassen. Dieser zog selbst von Kloster zu Kloster, für den neuen Impuls werbend – und schon begannen einige von ihnen, sich Cluny anzuschließen, ja zu unterstellen.

Diese »Missions«-Tendenz hatte nichts mit engem Fanatismus zu tun; Cluny war immer weit. Sie kam aus dem Ergriffensein von dem mächtigen Lebenswillen dessen, dem man dort Raum gegeben hatte. Der war es, der in die Weite wachsen wollte.

Diese Entwicklung setzte sich, immer kraftvoller sich entfaltend, unter dem vierten Abt *Maïeul* (Majolus, 954–994) fort. Der Einfluß Clunys begann unter ihm schon nicht nur die Grenzen Burgunds, sondern die Frankreichs zu überschreiten. Als Ratgeber der Fürsten und des deutschen Kaisers wirkten der Abt und sein Orden nun auch in die Reiche der Welt. Und was hier wirkte, war die reine Überzeugungskraft des Geistigen, keine äußere Macht oder Autorität. Otto II. wollte Maïeul zum Papst krönen lassen. Dieser zog es vor, Abt von Cluny zu bleiben. Reiche Schenkungen, die jetzt schon dem Kloster zuzuströmen begannen, erlaubten ihm, die Kirche zu bauen, die unter der Bezeichnung *Cluny II* in der Kunstgeschichte lebt. 981 geweiht, stand sie also wohl schon, als Tournus gebaut wurde. Erhalten ist von ihr nichts; nur durch Ausgrabungen und literarische Überlieferungen wissen wir von ihr. Wir können sie uns ähnlich, nur bedeutend größer, reicher und mächtiger vorstellen als die kleine, von einer zauberhaften Stimmung erfüllte Kirche des nahen *Brancion* (Abb. 14, 15).

Und Cluny wuchs weiter. Unter Maïeuls großem Nachfolger *Odilon* (994 bis 1049) begann sich abzuzeichnen, was man in unseren Tagen das »empire monastique« genannt hat. 65 Benediktinerabteien hatten sich zu seinen Zeiten schon Cluny in der dieser Kongregation eigenen Weise unterstellt, daß sie keinen Abt mehr hatten, nur einen Prior. Ihr Vorsteher war der Abt von Cluny. Und nun begann sich zu erweisen, daß von dem, was dort hinter Klostermauern gepflegt wurde, eine Macht ausging, die die Welt verwandelte. Odilon war es, der die »Treuga Dei«, den Gottesfrieden ausrief, wonach an vier Tagen der Woche alle Fehde zu ruhen hatte. Am Donnerstag, weil es der Tag der Himmelfahrt war, am Freitag, weil an ihm Christus starb, am Samstag, weil da Christus im Grabe lag, am Sonntag, weil er da auferstand. – Und der Adel, in dem doch der ganze kämpferische Impuls der Vorzeit weiterlebte, beugte sich. Das heißt: Der Tod

Blick in das Innere von Cluny III (nach der Rekonstruktion von Prof. K. J. Conant)

Christi, die vollkommenste Hingabe, Ausdruck der restlosen Machtlosigkeit, begann sich als stärker zu erweisen als die aus dem Blut aufsteigende Machtgier. Und langsam befriedete sich das Land. Denn nur an drei Tagen der Woche zu kämpfen – das machte schließlich auch keinen Spaß mehr.

Man muß aber ganz klar sehen, woher dieser Impuls kam. Diese Ordnung aller Verhältnisse ging nicht vom Staat, nicht von Fürsten und Königen aus. Sie ging auch nicht von der Kirche aus. Die Bischöfe waren weithin in die andere, die Macht-Strömung verflochten. Der Bischof von Cahors – um nur ein Beispiel anzuführen – besaß bis ins 18. Jahrhundert hinein das Recht, nicht nur das Schwert, sondern auch seine Rüstung auf den Altar zu legen, an dem er die Messe las – so daß er unmittelbar von da aus sich aufs Pferd schwingen und in die Schlacht stürzen konnte. Und so begegnen sie uns immer wieder, Bischöfe, Erzbischöfe und Päpste, mit dem Schwert in der Faust, mitten im blutigen Kampf.

Nicht von ihnen, sondern von dem, was in der Stille der Klosterbezirke Clunys gepflegt wurde, ging jener Impuls aus. Es war eine Befriedung von innen her. Ein Inneres setzte der Außenwelt Maße und Grenzen. Ein Inneres, in dem nicht Machtwille, sondern Hingabe die Welt bewegte.

Als Kaiser Heinrich II. 1014 Cluny besuchte, ergriff ihn, was er an diesem Ort erlebte, so, daß er Krone und Zepter, die Symbole seiner Macht, dort niederlegte. Lange wurden sie im Klosterschatz bewahrt. (Und vielleicht schwang sich in der gleichen Stunde Papst Benedikt VIII. aufs Pferd, um gegen die Byzantiner, die in Süditalien immer noch Besitzungen hatten, zu Felde zu ziehen.)

Auf Odilon geht die Einführung des Allerseelentages zurück, des Festes, an dem die Gläubigen nicht für sich selbst, sondern für die »armen« Seelen inbrünstige Gebete emporsenden. Und die Verachtung, die er gegen die Macht und ihre Mittel hegte, lebt auch in den Worten, die er sprach, als er bei einer Hungersnot den Befehl gab, die Reichtümer des Klosters unter die Notleidenden zu verteilen: »Das Gold, das die Kirche besitzt, ist nicht dazu da, aufgehäuft, sondern unter die Armen verteilt zu werden.«

In der gleichen Zeit aber wurde Cluny der Ausgangsort für die Pilgerzüge nach Santiago di Compostela, die in Wirklichkeit etwas wie erste Kreuzzüge waren. Deshalb auch gelobten die Könige von Kastilien, alle Schätze, die sie im Kampf gegen die Sarazenen gewännen, nach Cluny zu schicken. Das heißt: Cluny war es eigentlich, das den Kampf gegen den Islam, den Kampf um das Heilige Grab wenn nicht begründet, so doch immer neu belebt hat. Und das ist vielleicht das deutlichste Zeichen dafür, daß Cluny der Ort war, wo damals das Herz des Abendlandes schlug. Davon wird noch ausführlich zu sprechen sein. Nicht weniger als 34 Kriegszüge in das maurische Spanien wurden von hier aus unter Odilon und seinem Nachfolger unternommen. Wahrhaftig, ein michaelischer Impuls war hier erwacht. Das meinten wohl auch die Zeitgenossen, wenn sie Odilon den »Erzengel der Mönche« nannten.

Dies Herz des Abendlandes suchten auch die Fürsten und Päpste, wenn sie ihn um Rat angingen. Nicht weniger als neun Mal mußte er, um Hilfe gebeten, die Reise nach Rom unternehmen. Als seinen größten Erfolg aber betrachtete er es, Kriege verhindert zu haben.

9. Cluny. Drachenkapitäl

Unter Odilons Nachfolger *Hugo* von Semur (1049–1109) entstand dann die riesige Kirche, deren Reste uns heute noch so stark beeindrucken. Vielleicht freilich, muß man sagen, war dieser Bau mehr eine Veräußerlichung als reine Äußerung dessen, was in Cluny groß geworden war. In diesen Jahrzehnten wuchs die Macht Clunys ins Ungemessene. Hunderte von Klöstern unterstellten sich ihm. Von Polen und Ungarn bis nach Spanien und von Italien bis nach England reichte das »empire monastique«. Und es ist wie ein Zeichen, daß in Canossa Hugo neben dem Papst Gregor VII., der als Mönch Hildebrand einst mit ihm zusammen in Cluny seine Jugendjahre erlebt hatte, stand, als Kaiser Heinrich IV. im Büßerhemd und barfuß sich vor diesem demütigte. Vielleicht also spielten der ungeheure Reichtum und die unermeßliche Ausdehnung des Ordens ihre Rolle mit bei dem Bau dieser Kirche, der im Jahre 1088 begonnen wurde. Dennoch fand in ihr, was durch die Jahrhunderte in der Stille gewachsen war, einen hinreißenden Ausdruck.

Was von diesem Bauwerk heute noch unmittelbar zu erleben ist, sind einzig der Grundriß, die unvergleichliche Längenausdehnung (nicht viel weniger als 200 m), die kühne Steilheit des Innenraumes und einige Bruchstücke des reichen, plastischen Schmuckes.

Cluny III – das ist die in der Kunstgeschichte übliche Bezeichnung für diese Kirche – war als fünfschiffige Basilika mit doppeltem Querschiff gebaut, d.h. das überhöhte Mittelschiff öffnete sich – mit spitzbogigen Arkaden – nach jeder Seite in zwei hintereinanderliegende Seitenschiffe, die sich auch hinter dem ersten Querschiff fortsetzten bis in das zweite kleinere Querschiff. Hinter diesem gingen nur die inneren Seitenschiffe in den Chorumgang über. Man muß diesen Grundriß wohl so verstehen, daß sich der Chor der großen Pilgerkirche (hinter dem ersten Querschiff) noch einmal zu einer eigenen, wiederum kreuzförmigen Mönchs-Kirche ausgestaltete.

Diese Räume wuchsen steiler auf – man kann es bei dem kleinen Stück des Querschiffs, das stehengeblieben ist, noch erleben – als sogar die späteren gotischen Kathedralen. Bei einer Breite von 10 m betrug die Höhe des Mittelschiffs 30 m. (Das Höhenverhältnis in Chartres ist 16,5:37, d.h. etwa 1:2,1; das der Kathedrale von Reims 14:37, d.h. 1:2,4.) Durch die Verdoppelung der Seitenschiffe, in die hinein sich das Mittelschiff ja mit seinen Arkaden öffnete, mag sich aber der in dem einzig erhaltenen Stück des ersten Querschiffs jetzt fast beengende Raum geweitet haben.

Einen zauberhaften Eindruck muß der Chorumgang geboten haben. Sehr hohe und schlanke Marmorsäulen trugen auf reich plastizierten Kapitälen die rundbogigen Arkaden. Und die plastischen Darstellungen auf diesen Kapitälen, von denen einiges erhalten ist, sind von einer Vollkommenheit und Schönheit, die man nur bewundern kann (Abb. 9–13).

Von den einzelnen Elementen dieses Baus wollen wir in den folgenden Kapiteln, in denen wir ihnen an anderen Kirchen wiederbegegnen und sie unmittelbarer als hier erleben können, ausführlicher sprechen. Hier müssen wir uns darauf beschränken, zu hören, wie dieser Bau als Ganzes auf die Zeitgenossen wirkte, die ihn erlebten. Der Bischof Hildebert von Mans rief aus: »Wenn es möglich wäre, daß eine irdische Behausung den Bewohnern des Himmels angenehm sein könnte, dann müßte diese hier ein Ort genannt werden, an dem sich die Engel ergehen (›promenoir des anges‹).« Die Mönche aber erklärten, daß hier die Messe zu lesen sei, »wie wenn man alle Tage

10. Cluny. Sündenfall
11. Cluny. Die Hoffnung ▷
12. Cluny. Der erste Ton ▷

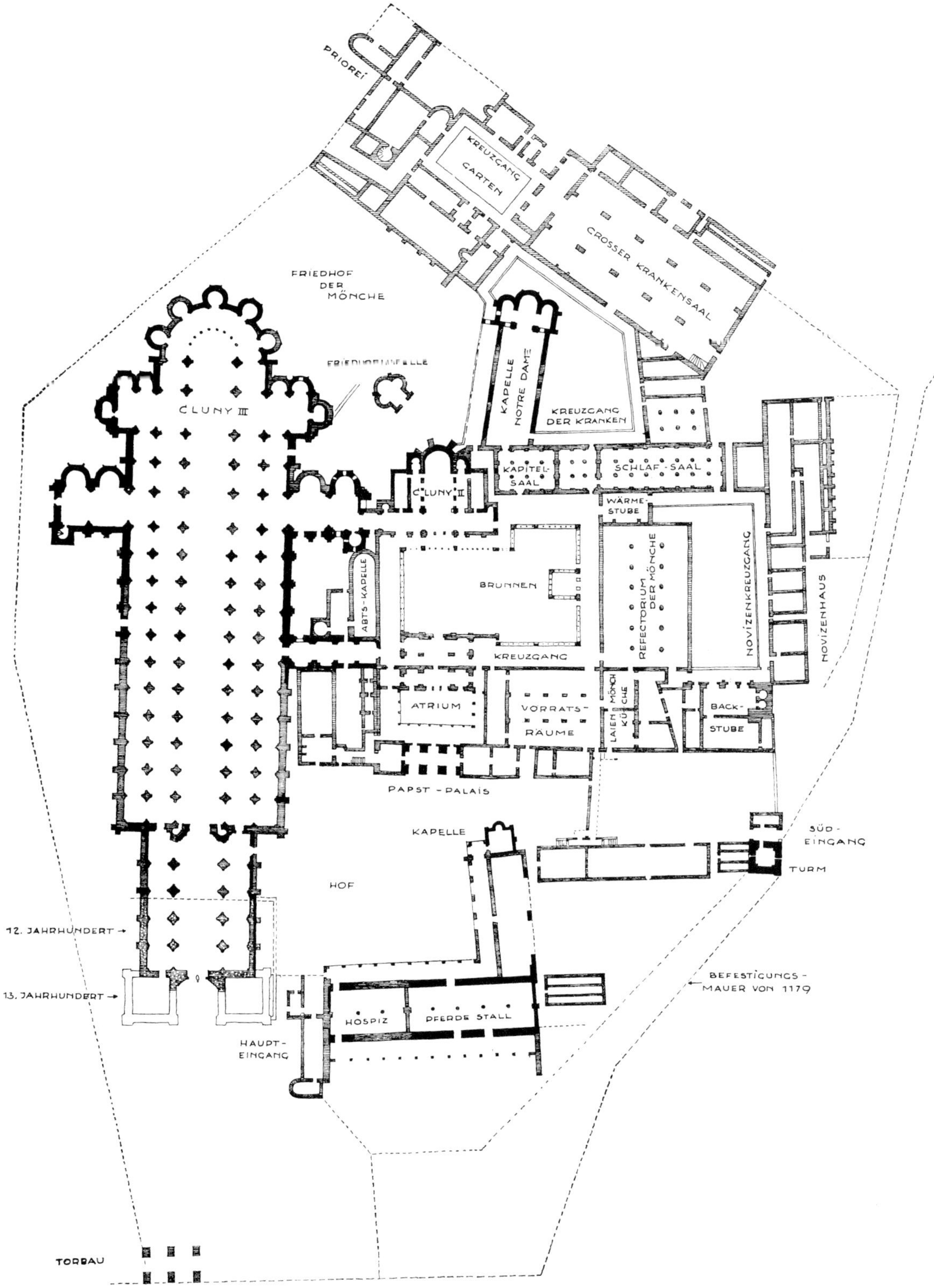

Grundriß von Cluny (nach Prof. Conant)

Ostern feierte«. Beide Aussprüche bezeugen, daß – mehr noch als die äußeren Maße – der spirituelle Gehalt, das Wie dieses Bauwerks auf die Zeitgenossen einen überwältigenden Eindruck gemacht haben muß. Sie empfanden – denn das bedeuten in unsere Sprache übersetzt jene Aussprüche –, daß in ihm das Geheimnis der Auferstehung fühlbar wurde; und daß hier eine Erdenstätte geschaffen war, die zugleich den Lebensgesetzen einer höheren Welt gemäß war, die eine höhere Welt innerhalb der Erdenwelt aufgehen ließ.

Das also war die Geistigkeit, die in Cluny etwas wie ein Herzorgan für ihr Wirken in der Welt gefunden hatte. Was in Cluny selbst übriggeblieben ist, vermag davon keine rechte Anschauung zu vermitteln. Aber rund umher im Land stehen die Bauwerke, die alle Äußerungen desselben Geistes sind, vielfach direkt von Cluny inspiriert. So begegnen wir ihm am deutlichsten in dem, was es in seinem Umkreis gewirkt hat. –

Mit Hugo fing Clunys Herbst an. Unter seinem Nachfolger *Pons* de Mergeuil begannen innere Krisen das Kloster zu erschüttern. Pons mußte abdanken. Noch einmal folgte in *Petrus Venerabilis* ein großer Abt (1122 bis 1157). Er war nicht nur der gelehrteste Mann des Abendlandes, auch die Weitherzigkeit und echte Brüderlichkeit, die Cluny einst ausgezeichnet hatten, lebten in ihm noch einmal auf. Er gab dem verketzerten und ebenso gefürchteten wie gehaßten Abälard in dessen letzten Lebensjahren ein Asyl, das keiner anzugreifen wagte. Aber schon begann – gar nicht so weit entfernt – Citeaux zu wachsen. Bernhard von Clairvaux, der Größte und der eigentliche Begründer dieses Ordens, war zwar noch mit Petrus befreundet, aber im Grunde doch ein Kämpfer gegen Cluny. Äußerlich hatte der Orden der Cluniazenser jetzt erst seine größte Ausdehnung erreicht. Wenn auch die von Zeitgenossen genannte Zahl von 2000 Klöstern wohl nicht stimmt – 1600 Cluny unterstehende Niederlassungen nehmen auch vorsichtige Schätzungen an. Aber die große Stunde Clunys war vorbei, und bald begann auch der äußere Niedergang.

Das Kloster lebte weiter. Im 17. Jahrhundert wurden sogar die Klostergebäude erneuert. Die Kirche des 11. Jahrhunderts stand unangetastet.

Erst mit der Französischen Revolution brach das Unheil herein. Das Kloster wurde zum Nationaleigentum erklärt und die Kirche, mit der man nichts Rechtes anzufangen wußte, an eine Gesellschaft auf Abbruch verkauft. Und die Gesellschaft zögerte nicht. Mit Sprengladungen und Pickeln ging man dem ungeheuren Bau zu Leibe. Gab es auch viel Schutt, es ließen sich doch riesige Mengen besten Baumaterials gewinnen.

Als dann nach 25 Jahren rastloser Zerstörung dem Vernichtungswerk endlich Einhalt geboten wurde, stand gerade noch das kleine Stück des großen Querschiffs, soweit es das Langhaus überragte, mit seinen zwei Türmen und ein entsprechend kleineres Stück des zweiten Querschiffs. Aus dem Schutt las man wenigstens die verstümmelten Kapitäle der Säulen auf, die den Chor umgeben hatten.

Das ist alles, was noch geblieben ist.

13. Cluny. Der vierte Ton ▷
14. Brancion ▷

Es ist beinahe wie eine späte Rache der Mächte, gegen die Cluny in seiner großen Zeit sich so strahlend erhoben hatte, und die nun aus dem Untergrund, in den sie verwiesen waren, in Stupidität und Habgier hervorkamen.

15. Brancion

PARAY-LE-MONIAL

Keine 50 km westlich von Cluny liegt Paray-le-Monial, dessen Kirche zur gleichen Zeit wie Cluny III und unter der persönlichen Obhut des heiligen Hugo erbaut wurde.

Ende des 10. Jahrhunderts war dort, wo damals wohl kaum mehr als ein Landgut stand, ein Benediktinerkloster gegründet worden. Schon um das Jahr 1000 schloß es sich an Cluny an. Bald danach wurde die erste Kirche geweiht (1004?). Von ihr stammt vermutlich der jetzige Westbau, der Narthex, und der südliche der beiden Westtürme. Um – vielleicht kurz vor – 1100 begann man mit dem Neubau, der wohl ursprünglich größer, nämlich nach Abtragung des seitherigen Westbaus weiter nach Westen sich streckend, geplant war, dann aber, als durch den Tod Hugos im Jahre 1109 der große Gönner und Anreger plötzlich fehlte, vorzeitig mit dem für die jetzige Kirche zu schmalen und nicht in der Achse liegenden überlieferten Westbau zusammengeflickt wurde. Trotzdem gehört, was damals dort entstand, zu den Wunderwerken der Baukunst.

Man hat Paray-le-Monial »Klein-Cluny« genannt und gelegentlich wird sogar tröstend vermerkt: hier könne man sehen, wenn auch in verkleinertem Maßstab, wie Cluny III ausgesehen habe. Davon kann keine Rede sein; diese Behauptung gilt höchstens in sehr eingeschränktem Maße. Wohl ist der Wandaufbau der gleiche, ebenso der Chorumgang mit den schlanken Säulen und den radial gestellten Kapellen. Aber nicht nur sind die Ausmaße eben unvergleichlich viel kleiner, was doch sogleich den Charakter eines Baues verändert, es fehlt auch die Verdoppelung der Seitenschiffe. Auch die Proportionen sind andere. Paray hat nicht entfernt die Steilheit, die Cluny auszeichnet, wenngleich es eine immer noch erstaunliche Höhe zeigt. (Das Verhältnis von Breite und Höhe des Mittelschiffs in Paray 9:22, in Cluny 10:30 m.) Das soll keine Herabsetzung von Paray bedeuten. Vielleicht war diese Veränderung der Proportionen sogar von Vorteil. Es heißt nur, daß man keine falschen Vorstellungen damit verbinden darf. Und das ist auch gewiß, daß der Geist, in dem Paray gebaut wurde, der gleiche ist wie der, der in Cluny seine Heimstätte hatte.

Der *Bauplan* dieser Kirche ist der, der sich seit der Jahrtausendwende überall nördlich der Alpen durchgesetzt hat: die kreuzförmige Basilika mit ausgeschiedener und durch einen Turm schon von außen her betonter Vierung. Diese Form ist so allgemein und überall mit solcher Klarheit durchgeführt, daß es gar keinen rechten Sinn hätte, von Erfindung und Nachahmung zu sprechen. Sie entspricht aufs genaueste dem, was der Geist jener Zeit meinte und suchte und worin er nun seine Herrlichkeit offenbart. Auch Tournus und Cluny lag dieser Bauplan zugrunde (Abb. 16–21).

Wenn man also von außen her eine zwar besonders reine und schöne, aber keineswegs sonderlich eigenartige Ausprägung des allgemeinen romanischen Stils zu bemerken glaubt, so wird das

16. Paray-le-Monial. Von Osten

anders, wenn man das *Innere* betritt. Das ist ganz unvermutet und erstaunlich. Dieser hochgewölbte Raum atmet in der Harmonie seiner Verhältnisse eine Feierlichkeit, der man nur selten begegnet. Besonders unerwartet aber ist etwas, was zunächst eine Äußerlichkeit zu sein scheint: In den Mittelschiff-Arkaden dieses doch rein romanischen Baus erscheint plötzlich der Spitzbogen. (Über den Fenstern, in der Triforiengalerie und über den Portalen steht der gewohnte Rundbogen.) Man erinnert sich dann, daß er einem auch in Cluny schon begegnet war. Er gehört – zusammen mit dem Chorumgang – zu den sogenannten »burgundischen Sonderformen«. Er war also hier schon da, bevor er zu dem charakteristischen und allbeherrschenden Zeichen der Gotik wurde. Woher kommt er? Und weshalb erscheint er gerade zu dieser Zeit in Burgund? Hier stoßen wir unversehens auf eines der wichtigsten Probleme.

Es gilt als sicher, daß dieser Spitzbogen aus der vielfältigen Berührung mit der Welt des Islams herkommt. Nur wäre es ganz oberflächlich, einfach von Entlehnung oder Übernahme zu sprechen. Es handelt sich – davon werden wir noch zu sprechen haben – nicht um Übernahme, sondern höchstens um Aneignung, eine völlige Verwandlung des Fremden ins Eigene. Warum aber geschah das in Burgund?

Die Auseinandersetzung mit dem Islam – das ist noch gar nicht hinreichend erkannt – war das eigentlich beherrschende Motiv der abendländischen Geschichte im Mittelalter. Sie begann im 8. Jahrhundert, kulminierte in den Kreuzzügen und währte bis in die Mitte des 15. Jahrhunderts. Es ist einer der geheimnisvollsten und dramatischsten geschichtlichen Vorgänge.

Als im 10. Jahrhundert das Abendland eben aus dunklem Chaos zu seiner eigenen Gestalt, man kann gar nicht sagen: zu erwachen, nur traumhaft sich aufzurichten begann, beherrschte der Islam – wir erwähnten es schon – ein mächtiges Reich, das im Osten bis nach Indien, im Westen bis Spanien reichte. Es war nicht weniger groß als das römische Imperium zur Zeit seiner größten Ausdehnung. Und dieses Reich war von einer glänzenden und geradezu faszinierenden Kultur erfüllt. Wenn man sie nicht kennt, kann man das ganze Mittelalter nicht verstehen.

Die Städte dieses Reiches lassen sich eigentlich nur mit modernen Großstädten vergleichen. Das maurische Cordoba z. B. – und es war keineswegs etwa die größte, sondern nur eine unter vielen ähnlichen Städten – besaß damals 113 000 Wohnhäuser, d. h. mehr als eine halbe Million Einwohner, und 600 Moscheen. 80 Schulen und 17 Hochschulen standen Kindern und Studenten aus allen Bevölkerungskreisen offen. Neben den ungezählten privaten gab es 300 öffentliche Bäder und nicht weniger als 50 wohleingerichtete, fast nur mit modernen Krankenhäusern vergleichbare Hospitäler. Die Straßen waren nicht nur gepflastert, sie wurden auch regelmäßig gereinigt und nachts beleuchtet. Und mit welcher Pracht waren die öffentlichen wie die privaten Gebäude geschmückt! Wie kostbar waren nicht nur die Reichen gekleidet, die durch diese Straßen ritten und gingen!

Künste und Wissenschaften blühten. Vor allem die Medizin stand auf einer fast unglaublichen Höhe. Bei chirurgischen Eingriffen kannte und benutzte man bereits die Narkose, nur daß man

17. Paray-le-Monial. Von Westen

statt Chloroform oder Äther Haschisch, Opium und ähnliches verwendete. Unzählige geistreich konstruierte chirurgische Instrumente waren entwickelt. Man kannte das Geheimnis der aseptischen Wundbehandlung und sogar Antibiotika, ähnlich dem modernen Penicillin. Jedes Krankenhaus besaß einen ganzen Stab von Ärzten, die gleichzeitig die Studierenden unterwiesen. Behandlung und Verpflegung waren kostenlos. Viele dieser Häuser hatten medizinische Bibliotheken mit Tausenden von Büchern, nach Sachgebieten wohlgeordnet. Und da fand man etwa in der Pharmakologie von Ibn Al-Baitar mehr als 1400 pflanzliche Drogen, zusammen mit Anweisungen zu ihrer Anwendung, Ersatzmittel usw. ausführlich beschrieben, dazu noch ungezählte tierische und mineralische Heilmittel. Eine differenzierte Medizinal- und Prüfungsordnung umfaßte nicht nur Ärzte, sondern auch Apotheker.

Auf ähnlich erstaunlicher Höhe stand die Astronomie. Mit bewundernswert ausgebildeten Instrumenten stellte man Beobachtungen und Berechnungen an, die an Genauigkeit nichts zu wünschen übrigließen. Man kannte schon so diffizile Dinge wie die Schwankungen der Erdachse und hatte Beobachtungen über die Sonnenflecken gemacht.

Die Höhe, auf der diese Disziplin stand, hatte zur Voraussetzung eine auf ebensolcher Höhe stehende Mathematik.

Ganz erstaunliche Leistungen wurden auf dem Gebiet der Mechanik erreicht. Da war u. a. eine Bewässerungstechnik ausgebildet, die ihresgleichen sucht und die z. B. das maurische Spanien in einen blühenden Garten verwandelt hatte von einer Fruchtbarkeit, die heute noch lange nicht wieder erreicht ist. Aber auch an ganz andere Probleme wagte man sich. Schon im 9. Jahrhundert baute in Spanien der Arzt Ibn Firnas eine Flugmaschine, mit der er sich wirklich eine Zeitlang im Gleitflug in der Luft halten konnte; bis er eines Tages abstürzte und dabei den Tod fand.

Die allgemeine Bildung stand auf einer geradezu märchenhaften Höhe. In der Zeit, da Kaiser Karl d. Gr. mit unendlicher Mühe notdürftig lesen und wenigstens seinen Namen schreiben lernte, war die Beherrschung dieser Kunst für Araber eine Selbstverständlichkeit. Und das ging immer weiter. Um 965 gründete Hakam II. in Cordoba zu den schon erwähnten 80 öffentlichen Schulen noch 27 hinzu für die Kinder der Armen, die dort nicht nur den Unterricht, sondern auch Brot und Kleidung unentgeltlich empfingen.

Selbstverständlich war auch die Philosophie eine mit Eifer und Leidenschaft betriebene Disziplin. Hatten doch die Araber das gesamte Erbe der Antike – also auch und vor allem die Schriften des Aristoteles –, wo sie es nur erreichen konnten, gesammelt und übersetzt.

Ihre Leidenschaft für Bücher ließ sie oft weite, gefahrvolle und kostspielige Reisen unternehmen, manchmal um nur eines bestimmten Buches, von dessen Existenz sie gehört hatten, habhaft zu werden. Der Kalif Al-Asis in Kairo besaß eine Bibliothek mit 1600000 Bänden. Sein Nachfolger aber setzte noch ein weiteres Gebäude mit 16 großen Sälen voller Handschriften daneben.

Muß man noch besonders erwähnen, in wie hohem Ansehen auch die Künste standen? Dichter und Musiker waren hochgeehrt. Der größte Teil unserer Musikinstrumente stammt von denen der Araber ab. Welche Wunderwerke die Architekten schufen, ist noch heute in Spanien, um nur die uns nächste Landschaft zu nennen, zu bestaunen.

18. Paray-le-Monial. Chorpartie

Und nun muß man noch hinzunehmen, daß es nicht nur unter den Dichtern und Musikern, sondern auch unter den Gelehrten, den Männern gleichgeachtet, viele Frauen gab und schließlich, daß diese Muslim von einer einzigartigen Toleranz waren. Unter ihrer Herrschaft konnten alle – auch die christlichen Bekenntnisse – ihre Religion frei und ungestört ausüben. Ihre Angehörigen waren nur darin den »Rechtgläubigen« nicht gleichgestellt, daß sie, wovon jene befreit waren, Steuern zahlen mußten. Aus diesem Grunde hatten die Anhänger des Propheten nicht einmal ein Interesse daran, die Andersgläubigen zu bekehren.

Es war tatsächlich eine geradezu märchenhafte Welt, die da in einem zauberhaften Glanze erstrahlte wie aus 1001 Nacht. Und das wird erst ganz deutlich, wenn man nun die kulturellen Verhältnisse im christlichen Abendland dagegenhält.

Es gab um das Jahr 1100 keine Stadt im Abendland nördlich der Alpen, die mehr als 30000 Einwohner gehabt hätte. Die Straßen waren voller Unrat und bei Regenwetter ein sumpfiger und stinkender Morast. Noch jahrhundertelang war weder an Pflaster noch an regelmäßige Reinigung, geschweige denn an nächtliche Beleuchtung zu denken.

Die wenigen Hospitäler, die es hier und da gab, waren für unsere Begriffe unvorstellbar primitiv. Der erste Arzt an einem Krankenhaus, am »Hôtel Dieu« in Paris, ist erst im 16. Jahrhundert bezeugt. Einen freien Arztstand gab es noch auf lange Zeiten überhaupt nicht. Amputationen und andere operative Eingriffe wurden bei vollem Bewußtsein des Patienten, das höchstens durch reichlichen Alkoholgenuß einigermaßen gedämpft war, durchgeführt.

Die Kunst des Lesens und Schreibens war im wesentlichen auf die Klöster beschränkt und auch da durchaus nicht etwa allgemein. Wohl begannen schon hier und da in Klöstern oder in anderen kirchlichen Zusammenhängen Schulen für Kinder und Hohe Schulen zu entstehen wie etwa die Schulen von Chartres, von Orléans, Paris usw. Sie waren hochbedeutsam in theologisch-philosophischer Beziehung. Alle praktische Wissenschaft aber, die im Abendland gepflegt wurde, war durchweg traditionelles Buchwissen und nirgends Erfahrungswissenschaft. Nicht die Sinne und ihre Erfahrung waren die unbedingte Autorität, sondern die alten Autoren. Und wenn die beiden einander widersprachen, war man eher geneigt, der Erfahrung Unrecht zu geben.

Und nun erhebt sich die große Frage, deren Rätselhaftigkeit man gar nicht tief genug empfinden kann: Weshalb hat das Abendland diese Märchenwelt, die doch überall zu seinen Fenstern hereinschaute und unmittelbar vor seiner Haustür lag, nicht zu sich hereingeholt? Die Antwort, mit der man sich allgemein beruhigt, daß das kirchliche Dogma dem entgegenstand, ist absolut nicht ausreichend. Denn von den wenigen, die diesen Versuch wenigstens bis zu einem gewissen Grade unternahmen, waren die meisten gerade Kleriker wie z. B. der Reimser Erzbischof und spätere Papst Gerbert von Aurillac. Und die Normannen, die nach der Eroberung Süditaliens und Siziliens sich restlos mit der dort herrschenden arabischen Kultur verbanden, blieben dessen ungeachtet treue Lehnsleute des Papstes.

19. Paray-le-Monial. Innenansicht

Der eigentliche Grund für das tiefe Mißtrauen, das man dieser ganzen Wunderwelt entgegenbrachte, liegt in einer ganz anderen, tieferen Schicht der Seele. Und man kommt ihr nahe, wenn man beobachtet, daß die Abendländer, auch wenn sie, wie es eben in einzelnen Fällen immer wieder einmal geschah, das eine oder andere aus jener Kultur herübernehmen wollten, es gar nicht recht fertigbrachten, die entsprechenden Fähigkeiten selbst zu erlernen, daß sie dann vielmehr gezwungen waren, Araber in ihren Dienst zu nehmen. Das Unbehagen, mit dem man sich gegen diese Welt wehrte, ist am ehesten dem vergleichbar, mit dem etwa ein gesundes Kind sich instinktiv gegen Dinge aus der Welt der Erwachsenen wehrt, die es später wohl selbst in sein Leben hereinnehmen wird, vorerst aber als eine tödliche und vergiftende Gefahr ablehnen muß.

Und so war es. Was sich im Arabismus entwickelt hatte, war in weltgeschichtlichem Ausmaß etwas wie eine verfrühte Ausbildung all der Kräfte des intellektuellen Bewußtseins, die im »normalen« Entwicklungsgang erst mit dem Beginn der Neuzeit ihren rechtmäßigen Platz haben. Deshalb sind uns Heutigen die Erreichnisse jener Welt so selbstverständlich. Und deshalb war diese Kultur in dem gleichen Augenblick am Ende, in dem die wirkliche Geburtsstunde der hier vorzeitig entwickelten Bewußtseinsform schlug.

Aber das ist nur die eine Seite des ganzen Problems. Der eigentliche Gegensatz der beiden Welten liegt in einer noch tieferen Schicht.

Der Ruf, der immer wieder in den Herzen der Abendländer zündete, war der: das Grab des Erlösers aus den Händen der Ungläubigen zu befreien. Damit war viel mehr gemeint als der Kampf um die historischen Erinnerungsstätten im Heiligen Land. Das wird deutlich, wenn man darauf aufmerksam wird, daß schon lange, bevor die eigentlichen »Kreuzzüge«, die man als Ersten, Zweiten usw. bezeichnet, begannen, etwas, was man zumindest als Vorläufer derselben bezeichnen muß, als ein machtvoller Impuls in den Herzen der abendländischen Christen lebte. Das waren die Pilgerzüge nach Santiago de Compostela, die nicht nur äußerlich in Cluny ihren Hauptausgangspunkt hatten und die häufig – wie schon bemerkt – Kriegszüge waren. Diese Pilgerzüge waren bis ins äußere Leben hinein jahrhundertelang von größter Bedeutung. Die Pilgerstraßen durch ganz Europa hindurch ließen Klöster und Städte aufblühen. Die unzähligen Jakobskirchen sind Erinnerungen daran. Mit diesen Zügen hat es eine besondere Bewandtnis.

Auch diese Pilgerzüge gingen zu einem Grab. Dort in Compostela sollte der Apostel Jakobus begraben sein. Warum aber war sein Grab so heilig? Heiliger und bedeutsamer offenbar als das des Apostelführers Petrus in Rom? Mit seiner Gestalt hatte sich die andere Jakobus-Gestalt des Neuen Testaments verbunden, die »der Bruder des Herrn« genannt wird. Und im Bewußtsein des mittelalterlichen Menschen war daraus – eine höchst seltsame Geschichte – sogar ein »Zwillingsbruder« Christi geworden, von dem es noch dazu hieß, er sei ihm so ähnlich von Gestalt gewesen, daß man sie nicht hätte unterscheiden können. Eine Vorstellung, die sich auch in Darstellungen der bildenden Kunst (Giovanni Santi, Martin Schaffner u. a.) bis ins 15. und 16. Jahrhundert gehalten hat. Das machte also die besondere, die unvergleichliche Heiligkeit und Bedeutsamkeit dieses

Wallfahrtszieles aus. Es war das Grab des »Zwillingsbruders« Christi. Nach Compostela zu ziehen, war daher beinahe das gleiche, wie nach Jerusalem zu pilgern. Und er, der in Compostela begraben lag, war der Vorkämpfer in allen Kriegen gegen den Islam.

Solchen Vorstellungen wird man niemals gerecht werden, wenn man sie als abstruse Legendenbildungen beiseiteschiebt, nachdem man sie nur klassifiziert und nachdem man womöglich nach einem Grund für ihre »Erfindung« gesucht hat. Keine Legende kann wirksam werden und sich jahrhundertelang halten, wenn sie nicht irgendwelchen Wirklichkeiten entspricht. Hier aber hat man es ganz eindeutig mit einem echten Erzeugnis der damals in der abendländischen Menschheit noch lebendigen mythenschaffenden Kräfte zu tun. Sie gehörten zu jener ganz anderen Bewußtseinsform, in der der mittelalterliche Mensch noch nicht so sehr in Begriffen – die er sich erst langsam eroberte –, sondern eben in mythischen Bildern seine geistigen Erkenntnisse gewann und aussprach. Das gehört zu seinem keltisch-germanischen Erbe. Sie waren zwar weniger bewußtseinshell, erreichten dafür aber sehr viel tiefere Seins- und Wahrheitsschichten als abstrakte Begriffe. Es ist dieses »andere«, dem künstlerischen Element verwandte Bewußtsein, das Nietzsche beschwor in seinem Nachtgedicht: »Die Welt ist tief und tiefer als der Tag gedacht.«

Das mythische Bild von den Zwillingsbrüdern, das sich hier auf so seltsame Weise in die Geheimnisse des Christuswesens hereingeschoben hat, ist uralt. Aus der antiken Welt sind Castor und Pollux nur die bekanntesten Vertreter. Auch in den deutschen Märchen spielt es eine große Rolle. Was ist die Wirklichkeit, auf die es hinweisen will?

Hinter diesem Bilde steht das Geheimnis von der Doppelheit des Menschenwesens. Der Mensch ist nicht nur das, als was er sich auf dieser Erde zunächst kennenlernt. Erst wenn er sich über sich erhebt, findet er sich selbst. Das ist das Geheimnis der beiden Brüder, von denen der eine dem Tode und der Verzauberung verfallen ist, aus der er erst durch den anderen erlöst wird. Dessen Geheimnis aber ist immer Opfer und Hingabe. In dem Compostela-Bilde nun wird dies Geheimnis in seinem letzten menschheitlich-göttlichen Grunde aufgedeckt. Hinter dem höheren, dem erlösenden »Zwillingsbruder« des Menschen steht – der Christus. Und in Jakobus symbolisierte man den Menschen, der eben dieses Mysterium erfahren hat, daß er durch seinen himmlischen Bruder aus der Verzauberung gelöst und zu sich selbst – das heißt aber eigentlich: zu Ihm, seinem Zwillingsbruder – erhoben ist.

Nun kann man verstehen, wieso Santiago Schutzpatron und übersinnlicher Helfer in den Kämpfen gegen die Mauren wurde – und zugleich, was der tiefste Grund dieser Kämpfe war.

Die glänzende Kultur des Arabismus beruhte auf einem phantastisch entwickelten Intellekt, durch den man die Kräfte und Gesetze der irdischen Welt zu erforschen und beherrschen vermochte. Sehr hell schien das Licht Allahs, aber er war ein Gott von außen, ein Gott des Gesetzes, das im All (einschließlich der Erde) wie im Schicksal des Menschen waltet. Und unbegreiflich fremd war seinen Bekennern der immanente Gott, der im Abendland aufzugehen begann, der Gottessohn, der Mensch geworden, in das Grab des Erdenseins eingegangen, aber aus ihm auferstanden war. Die Gesetze, die Gott in die Welt gelegt, erforschen und Seine Weisheit, die sie widerspiegeln, bewundern, das konnten sie – aber unbegreiflich blieb ihnen, daß das Göttliche selbst im Irdischen erscheinen soll. Mit seiner intellektuellen Kultur, die den Geist nur in der Form der Abstraktion kannte, verewigte der Arabismus gleichsam das Grab und brachte die Wüsten, aus denen er gekommen war, über die ganze Erde – auch wenn er in dieser Wüste nun Zaubergärten und Zauberschlösser errichtete. »Das Grab des Erlösers aus den Händen der Ungläubigen befreien« – das hieß also dafür kämpfen, daß das Grab der Erde nur Schwelle zur Auferstehung ist, seit der Erlöser gekommen.

Und wie der Arabismus in der Welt nur die unpersönlichen Kräfte und Gesetze anerkannte und erforschte, so sah er auch den Menschen. Wie hatte Ibn Ruschd, bekannter unter dem Namen Averrhoes, gelehrt? – In den Menschen senkt sich bei der Geburt eine Emanation der Weltintelligenz. Sie ist der schöpferische Teil seiner Seele. Im Tod aber kehrt sie wieder in die allgemeine Welt-Intelligenz zurück. – Das bedeutete die Leugnung der ewigen Entelechie des Menschen, der eigentlichen Individualität. Es bedeutete aber auch die Leugnung jenes »anderen«, unsterblichen Menschen, zu dem der Mensch sich über sich erheben kann, in dem er erst wahrhaft sich selbst findet. Die Leugnung des »Stirb und werde wiedergeboren«, die Leugnung der Auferstehung des Menschen aus sich, aus seinem Allzu-Menschlichen, die Leugnung des Gottessohnes im Menschensohn.

Es kann allerdings keine Rede davon sein, daß die abendländischen Menschen des 11., 12. und 13. Jahrhunderts diese Gedanken, wie wir sie hier zu skizzieren versuchten, gehabt hätten. Dies alles lebte tief unter der Schwelle des Bewußtseins, aber es lebte dort als das eigentlich Impulsierende, die Taten und Empfindungen der Menschen Bestimmende. Ähnlich wie vielleicht ein junger Mensch dies oder jenes tut, er weiß nicht warum. Er weiß nur: Er muß und muß eben so handeln. Viel später erst erwacht in ihm selbst als Bewußtsein, was zunächst nur »dunkler« Impuls war.

Und es gibt noch ein Gebiet, in dem ganz deutlich wird, daß das, was wir als Wesen des Arabismus und als Wesen des gegen ihn sich leidenschaftlich wehrenden christlichen Abendlandes zu charakterisieren versuchten, die eigentlich wirksamen geistigen Impulse waren. Das ist die Sphäre des künstlerischen Schaffens, insbesondere der Architektur. In ihr spricht immer der Mensch sich selbst unmittelbar aus, »äußert« er »sich«. Erst auf diesem Hintergrunde wird aber auch das Wunder des romanischen Kirchenbaus in seiner ganzen Größe und Bedeutung sichtbar.

Die islamische Moschee – wir meinen hier nicht die aus orientalischer oder christlicher Überlieferung übernommenen Kuppel- und Zentralbauten, sondern die andere, etwa in der Moschee von Cordoba sich darstellende Form – ist nichts als eine beliebig häufige Aneinanderreihung und Summierung von Schiffen, die alle völlig gleich sind. Es können 6 oder 13 oder 34 und noch mehr sein, nichts unterscheidet sie, außer daß in einem die Gebetsnische für den Vorbeter sich befindet. Dabei können zauberhafte Licht- und Schattenwirkungen entstehen, elegante Bögen und das berückende Linienspiel der Arabesken das Auge entzücken. Aber sie sind doch Ausdruck der radikalen Leugnung der Individualität, Umhüllung und Sichtbarwerdung unzähliger gleichförmig in

20. Paray-le-Monial. Nordportal

einer Richtung gehender, auf Mekka hin sich ausstreckender Gebetslinien. Außerhalb und ferne ist der Gott, auf den sie zugehen. In der Abstraktion der Arabesken und einer zauberhaften Behandlung der Oberflächen feiert diese Kunst ihre Triumphe. Nicht aber kennt sie Gestalt, die von innen her sich »entwirkt«.

Und das eben ist das Geheimnis und das Wunder des romanischen Kirchenbaus. Ein organisches Gebilde, in alle drei Dimensionen des Erdenraumes hineingewachsen, sich selber Grenzen setzend aus dem Maß seines Innersten, der Vierung, die aus dem Zusammentreffen von Lang- und Querhaus sich bildet und jenseits derer der Reichtum des Chores mit seinen Nebenchören und dem Chorumgang erblüht, der Raum, in dem das Mysterium des immanenten Gottes, des Gottes, der immer wieder in der Erdensubstanz erscheint, seine Wohnung hat. Erdenraum von innen, nicht nur von außen und an der Oberfläche, ergriffen und gestaltet. Das ist das »Haus« des Menschen, der sich selbst im Göttlichen findet, das Haus, das die Intuition vom Wunder des Menschen »enthält«.

Denn in seinem kreuzförmigen Grundriß, verbunden mit der aufstrebenden Vertikale der Türme, ist es die grandiose Intuition dessen, was das Mysterium von Golgatha eigentlich bedeutet. Es ist nicht Allegorie, wie man zuweilen lesen kann, für das Kreuz von Golgatha, sondern eine Offenbarung seiner tiefsten Bedeutung.

Bei jeder Inkarnation taucht ein Geistwesen aus der Welt des Unräumlichen in die Kreuzeswelt des Erdenraumes. Jeder Erdenmensch ist ein Geistwesen am Kreuz. Wie oft empfinden wir das doch! Golgatha aber ist das Zeichen: Ein Gotteswesen ging aus Liebe an dies Kreuz – und überwand es. Seitdem ist es das Zeichen eines Triumphes, an dem jeder Mensch Anteil gewinnen kann. Es ist ein Zeichen für das Geheimnis der beiden »Brüder«.

Das ist die eigentliche Bedeutung der romanischen Kunst, ist auch die Bedeutung der Wallfahrten nach Compostela und der Pilgerfahrten zum Heiligen Grab in Jerusalem, dieser Impulse, die in Cluny eine besondere Heimstätte hatten. Es ging um das Schicksal der Erde und des Menschen. Es ging darum, ob der Weltverwandlungsimpuls, der auf Golgatha in die Erde gelegt war, weiterleben oder ausgelöscht werden sollte. Jetzt versteht man, wie konkret das gemeint war, wenn die Mönche von der neuen Kirche in Cluny sagten: es sei gewesen wie ein beständiges Osterfest. Und die Menschen des Mittelalters empfanden ganz zu Recht, daß im Arabismus – mochten die Menschen dort auch feingebildete und edle Gestalten sein – eine »Teufels«-Macht als tödliche Gefahr für den Menschen aufgestanden war.

Man hat in unseren Tagen die Frage gestellt: Was wäre wohl geworden, wenn – um es auf eine Formel zu bringen – 732 Karl Martell bei Tours und Poitiers nicht gesiegt hätte, d.h. wenn die Araber wie über Spanien so über das ganze Abendland ihre Herrschaft ausgebreitet hätten? Man kann sagen: Dann wäre gewiß das Mittelalter sehr viel »kultivierter« und komfortabler verlaufen, und es würde heute womöglich eine noch weiter fortgeschrittene Technik in einer vielleicht sehr feingebildeten Menschheit herrschen. Aber ganz gewiß würde es nicht geben: Vézelay und Chartres und Straßburg und Naumburg. Es würde keinen Parzival geben und keinen Faust, keine 9. Symphonie und keinen Bruckner, keinen Michelangelo und keinen Raffael, keinen C. F. Meyer

und keinen Franz Marc – kurz alles das, wodurch wir uns als Menschen doch eigentlich erst gerechtfertigt fühlen.

Damit rückt aber das Zeitalter der romanischen Kunst und der Kreuzzüge in eine Stellung, die sich nur vergleichen läßt mit einem anderen, nicht minder bedeutsamen Augenblick in der Geschichte. Als im 5. Jahrhundert v. Chr. die Perser ihren großen Angriff auf Griechenland unternahmen, kämpften und siegten die Griechen nicht nur für sich, sondern für Europa gegen Asien. Und wie damals das Schlachtfeld, auf dem die entscheidenden Kämpfe ausgefochten wurden, nicht nur die Thermopylen und Marathon waren, sondern ebensosehr die Bauplätze der Tempel, wo der Geist Apolls seinen Siegessang anstimmte, so waren auch im Mittelalter die Bauplätze der Kirchen nicht weniger entscheidende Stätten des Ringens, des Ringens um die Zukunft des Menschen und der Erde.

Und nun kehren wir zu unserem Ausgangspunkt zurück.

Im Rahmen dieser Auseinandersetzung mit dem Arabismus muß man auch das frühe Auftauchen des *Spitzbogens* in Burgund sehen. Daß es gerade hier, in dem Lande, das Vorkämpfer in der Auseinandersetzung war, geschah, ist nun verständlich. Daß es sich nicht um eine einfache Übernahme handelt, wird schon aus der Tatsache klar, daß im Islam der Spitzbogen in verschiedenen

21. Paray-le-Monial. Detail der Chorwand

Formen auftaucht: bald so, daß der untere Teil des Bogens weitergeführt wird, so daß das Ganze nach unten sich abzuschließen beginnt; bald so, daß der obere Teil des Bogens fast bis zur Waagerechten und der ganze Bogen ins Breite gedrückt wird. Burgund aber wählte und ergriff nur die dritte, uns vertraute Form. Was, müssen wir uns fragen, spricht sich in ihr aus?

Man kann den Spitzbogen im Vergleich zum Rundbogen so verstehen, kann ihn so entstehen lassen, daß man den Rundbogen zerbricht und aufgesteilt wieder zusammenfügt. Man kann ihn verstehen als ein Aufbrechen des Rundbogens durch eine aufstrebende Vertikalkraft. Man kann ihn verstehen als ein Einbrechen der Dreiecks-Tendenz in den Rundbogen. Wie auch immer man es ansehen mag – immer spricht der spannungsgeladene Spitzbogen von einem Anwachsen der bewußtseinshelleren und ich-betonteren Denkkräfte gegenüber den dem Fühlen verwandteren mythischen Bewußtseinskräften, die mit dem in sich ruhenden Rundbogen verbunden sind.* Wenn diese Formen nun in dem cluniazensischen Burgund, der Heimat des erbittertsten Gegners des Islam, auftauchen, so heißt das, daß in diesem Kampf im Abendland die Bewußtseinskräfte zu erwachen beginnen, die vorher nur geträumt haben. Es ist in Wirklichkeit keine Übernahme einer äußeren Form, sondern ein Erwachen der Kräfte, für die diese Form nur Ausdruck ist. Daher auch kommt es, daß im Abendland sehr bald der Spitzbogen *konstruktiv* verwendet wird – d. h. den ganzen Aufbau von innen her ergreift –, während er in der islamischen Kunst immer nur *dekorativ* – von außen her – gebraucht wird. Daher auch, daß die im Arabismus so verbreiteten oben charakterisierten Variationen des Spitzbogens nicht auftreten. Denn diese beiden Formen, die nach unten sich abschließende wie die fast bis zur Waagerechten gedrückte, darf man doch wohl als Ausdruck einerseits des sich in sich selbst abkapselnden Intellekts, andererseits einer allzusehr dem Erdhaften verfallenen Sinnesart sehen. Die Form aber, die allein vom Abendland ergriffen wurde, ist dann Ausdruck geworden der himmelstürmenden Sehnsucht, die die Chöre und Türme der gotischen Kathedralen immer höher und höher emportreiben, die Mauern sich in Licht auflösen ließ.

Wenden wir uns nun dem *Chorumgang* zu, der anderen der beiden »Sonderformen«, die von Burgund aus ihren Siegeszug ins ganze Abendland antraten.

Rein aus der Form heraus wird man den Chor mit Chorumgang immer am besten verstehen als die »Umstülpung« des griechischen Tempels, mit dem die mittelalterliche Baukunst untergründig viel mehr verbunden ist als man meinen möchte. Der Säulenumgang, der dort als eine feinere, »offenstehende« Leiblichkeit die feste Mauer des Tempelkerns umgab, ist hier nach innen getreten. Denn die Götter, die für die Griechen in Sonne und Sternen und im Hauch der Luft wohnten und deren Atem er offenstand, sind fortgegangen. Und von innen – welches Wunder! – geht nun der stille Gott schöpfermächtig auf. Der Grieche konnte in seinen Tempeln und in seinen Statuen

* Zu diesem Problem Spitzbogen-Rundbogen vgl.: G. Richter »Ideen zur Kunstgeschichte«, Stuttgart 1976. Ferner E. Bock »Schwäbische Romanik«, Stuttgart, Neuauflage 1979, sowie G. Wachsmuth »Die ätherischen Bildekräfte in Kosmos, Erde und Mensch«, Dornach 1924.

die Leiblichkeit des Menschen als letztes, höchstes Göttergeschenk feiern, als das Kunstwerk, das die Himmlischen aus den Harmonien des Kosmos heraus gebildet hatten. – Was man hier beschwört und feiert, ist der Aufgang einer anderen, »neuen« Leiblichkeit von innen her. Denn der Tod, der sich – das wußten auch die Griechen und sprachen davon in ihrer Prometheussage – durch die Schuld des Menschen in die Schöpfung eingenistet hatte, ist überwunden durch die Auferstehungskraft, die am Altar und vom Altar her immer neu erstrahlt. Dort wohnt und erscheint der, der sagte: »Siehe, ich mache alles neu. Ich erschaffe das neue All.« Von innen her geht die neue Gestalt auf.

Wenn man nun sagen wollte: aber der Chorumgang ist doch einfach aus dem Bedürfnis entstanden, den in Cluny so reich gepflegten Prozessionen einen Weg zu schaffen, so ist das kein Widerspruch, sondern eine Bestätigung. Genetisch gesehen ist es so, wie man es ja auch gewöhnlich dargestellt findet. Man kann also sagen: Die Prozessionen haben gewissermaßen die Mauer, die bisher den Altar umgab, aufgebrochen zu diesem nach innen offenstehenden Raum und Umgang. Was aber sind – oder waren doch – Prozessionen eigentlich? – Sie stellen die Form religiöser Übung dar, bei der Gebet und Anbetung nicht im Inneren des Menschen beschlossen bleiben, sondern den ganzen Menschen bis in die Gliedmaßen hinein ergreifen wollen. Es ist etwas wie eine abgeschwächte – und in manchen Formen wie der sogenannten »Spring-Prozession« noch sehr deutliche – Abwandlung dessen, was man in vorchristlichen Kulten als heilige Tänze gepflegt hatte. – Was also bricht diesen Raum um den Altar her auf? Es ist ein durch das, was vom Altar ausstrahlt, bewegtes Andächtig-Seelenhaftes, das bis ins Leibliche hinein wirksam wird.

Es gibt eine exakte Bestätigung dafür.

Während in Paray das plastische Element so gut wie ganz fehlt, war es in Cluny in reichstem Maße ausgebildet. Ein gütiges Geschick hat es nun gefügt, daß von den vielen hundert Kapitälen, die in den Schutt gestürzt sind, wenigstens die des Chores, wenn auch in beschädigtem Zustand, erhalten geblieben sind. Und in ihnen wird etwas wie ein »Programm«, ein innerer Plan der Anordnung sichtbar.

Am Eingang des Chores war links der Sündenfall dargestellt, rechts das Opfer Abrahams, das in jener Zeit wie eine Art Rune für das andere, größere Opfer des »Sohnes« gebraucht wurde, das direkt darzustellen man sich scheute. Fall – und Wiederherstellung des Menschen ist also die Dramatik, die hier sichtbar gemacht wird. Auf den dazwischen im Halbkreis den Chor umgebenden Kapitälen waren – der Reihe nach – Darstellungen der Elemente, der Tugenden und der acht »Töne«, d.h. der Tonarten des gregorianischen Chorals (Abb. 10–13).

Das ist, als ob das inmitten dieses Raumes auf dem Altar sich vollziehende Mysterium – das ja in der auf den Eckpfeilern sichtbar gemachten Dramatik lebt – auf dem umhüllenden Schleier des Chorumgangs in geheimnisvollen Bildern aufleuchtete. Die Darstellung der Elemente – verbunden mit der der Paradieses-Bäume und -Flüsse und der Jahreszeiten – deutet auf die Sphäre, in der es wirksam wird: die Sphäre des ätherischen Lebens. Die Darstellung der »Tugenden« weist auf den Vorgang, bei dem im Menschlichen Wandlungskräfte lebendig werden, in denen Geistiges das bloß Naturhafte ergreift und umgestaltet. In der Darstellung der »Töne« aber wird auf die Sphäre gewiesen, in der nun das Irdische, das doch, aus der klingenden Harmonie der Sphären entstanden, seit dem Sündenfall verstummt war, von innen her wieder zu tönen beginnt. »Siehe, ich erschaffe das neue All!«

Nun versteht man auch das andere Wort, das von der Kirche in Cluny gesprochen wurde, in der Konkretheit seines Ausdrucks. »Promenoir des anges« – Irdisches, das von Geistigem durchsungen ist.

Das war die Sehnsucht des christlichen Abendlandes im Kampf gegen den Islam: Stätten zu schaffen, an denen das Oster-Mysterium beständig gegenwärtig ist. Stätten zu schaffen, die von den Himmlischen heimgesucht werden. Den Menschen zu schaffen, in dem das Oster-Mysterium lebt. Den Menschen, der von den Engeln heimgesucht wird.

MONTCEAUX-L'ETOILE – ANZY-LE-DUC CHARLIEU – NEUILLY-EN-DONJON

Fährt man von Paray-le-Monial südlich, so findet man über das ganze Gebiet – das Brionnais – verstreut fast in jedem der kleinen Dörfer in reizvoller hügeliger Landschaft eine Kirche aus jener Zeit. Und manche von ihnen, auch wenn sie nur kleine Kapellen sind, tragen am Portal oder an den Kapitälen plastisch-bildnerische Darstellungen, die nun auf ihre Weise alles das, was die große Architektur von Cluny und Paray-le-Monial ausspricht, zum Ausdruck bringen.

Da ist als erstes, ein wenig abseits der modernen schnurgeraden Straße gelegen, das Dörfchen *Montceaux-l'Etoile*. Die kleine, architektonisch sehr schlichte Kirche überrascht durch ein reich gebildetes Portal (Abb. 22, 23). Zunächst fällt der Blick auf das von schön geformten Rundbögen überwölbte Tympanon. Es stellt die Himmelfahrt dar. Oben in der Mandorla, von zwei Engeln getragen, der Auferstandene, in der Rechten triumphierend wie eine Siegesfahne ein langgestieltes Kreuz haltend. Darunter die zwölf Jünger (oder Maria und elf Jünger?), in deren Mitte die »zwei Männer in weißen Kleidern«, die zu ihnen sprechen. Nun aber: welche Dramatik in dieser sonst doch so stillen Szene! Die Jünger eilenden Fußes, mit großen Gebärden nach oben weisend, sich zueinander wendend, fragend, rufend, heftig gestikulierend. Die »zwei Männer« mit großer Gebärde sprechend. Die beiden Engel nach oben weisend, nach unten schauend, von mächtiger Bewegung, die ihre Gewänder wie im Geistessturm rauschen läßt, emporgetragen. Nur einer steht in tiefer, gelassener Ruhe: der weit seine Hände breitende Auferstandene.

Und diese Dramatik setzt sich in den kleineren Szenen, die man dann entdeckt, fort. In dem Kapitäl der linken flankierenden Säule (Abb. 24) steht eine nur mit einer Lederkappe und einem Schurz bekleidete Gestalt, in der Linken einen Buckelschild, in der Rechten wohl ursprünglich ein Schwert, wie zurückweichend und mit dem Schild sich schützend vor der Gewalt dieser Szene. Ein »wilder Mann«? Auf der Innenseite des das Tympanon tragenden Kragsteines aber hebt ein mächtig geflügelter Engel, der mit einem Kettenhemd bekleidet ist und einen Helm trägt, sein Schwert gegen einen Teufel mit Froschfüßen und einem übergroßen Kopf, in dem ein riesiges Maul sich öffnet und dem hinter den großen Ohren etwas wie Flügelstummel hervorwachsen. Schon zusammengebrochen sucht er mit seiner Rechten den Buckelschild des Engels zurückzudrängen (Abb. 25). Auf der rechten Portalseite weist im Kapitäl der Säule ein großer Engel einen seine Hände verhüllenden und die Knie beugenden Heiligen auf die Himmelfahrtsszene, während auf dem Kragstein eine Sirene den Eintretenden anblickt.

Vor diesen wie vor allen anderen Bildwerken, die wir noch betrachten werden, muß man sich ja immer bewußt sein, daß es in jener Zeit Tradition und Vorbilder kaum gab. Sowohl das Technisch-Künstlerische als auch die bildmäßige Erfindung war in höchstem Maße schöpferische Tat,

nicht dem nachahmenden oder sich erinnernden, sondern einem ursprünglich Neues schaffenden menschlichen Inneren entspringend. Man kann also gewiß sein, daß man durch diese Bilder hindurch unmittelbar in die Seelen der Menschen, die sie geschaffen haben, hineinschaut. Und hier in Montceaux tritt einem, auch wenn man zunächst auf das Inhaltliche der dargestellten Szenen noch gar nicht eingeht, eines jedenfalls entgegen: Eine gewaltige Dramatik müssen die Seelen dieser Menschen empfunden haben, wenn sie sich zu dem erhoben, worin sie das Göttliche atmen fühlten.

Nur wenige Kilometer südlich von Montceaux, noch ein wenig tiefer in die Landschaft eingebettet, liegt *Anzy-le-Duc*. Die Kirche hier gehörte ursprünglich zu einem Kloster, das aber längst aufgelöst ist. Der Klosterhof ist jetzt der Hof einer Ferme. Von den Klostergebäuden ist außer der Kirche und einem mächtigen Torturm nichts erhalten.

Hier nun taucht man sogleich wieder in größere geschichtliche Zusammenhänge ein. Ancy-le-Duc war das Kloster, von dem Bernon, der Begründungsabt von Cluny, ausgegangen war. Es war St. Martin geweiht. Und vielleicht trifft man hier wirklich auf eine der Wurzeln, aus denen

22. Montceaux-l'Etoile. Portal
23. Montceaux-l'Etoile. Tympanon

Cluny eigentlich seine Kraft zog. Das muß man jedenfalls doch denken, daß die Gestalt und die Geistesart eines Heiligen in einem Kloster, das sich unter seinen Schutz stellte, das ihn als Patron ansah, besonders lebendig geblieben sei. Und dieser Bischof von Tours aus dem 4. Jahrhundert, dem in Frankreich so viele Kirchen geweiht wurden und der uns vor allem durch seine Begegnung mit dem Bettler bekannt ist, war ja wirklich eine hochbedeutsame Gestalt.

Sein Biograph erzählt, eines Morgens habe ihm Martin gesagt: »Diese Nacht erschien mir der Böse in meiner Zelle, angetan mit einem Königsgewand, ein Diadem von Gold und Edelstein auf dem Haupte, golddurchwirkte Schuhe an den Füßen und von strahlendem Purpurlichte umflossen. Sein Antlitz war gewinnend, seine Züge waren sehr liebenswürdig, seine Lippen lauter Lob, nichts verriet den Teufel. Ich war betroffen. ›Martin‹, sprach er schließlich, ›erkennst du mich nicht? Ich bin Christus!‹ Ich antwortete nichts und jener wiederholte eindringlicher sein Wort. Da erkannte ich, daß unter dieser Hülle der böse Geist sich verberge und ich sprach: ›Der Herr Jesus hat nicht gesagt, daß er im Purpur und mit einer glänzenden Krone wiedererscheinen werde. Wenn ich ihn nicht in der Gestalt des Leidens und mit seinen Wundmalen schaue, so glaube ich nicht, daß er es ist ...‹ Da verschwand der Böse unter Hinterlassung von Rauch und Gestank.«

Gegen wen und gegen welche Macht sich diese Erzählung wandte, ist deutlich. In ihr, und das heißt in Martin, lebte die Gesinnung, die später Maïeul es ablehnen ließ, die Papstwürde anzunehmen; die Odilo sagen ließ: »Das Gold der Kirche ist nicht dazu da, aufgehäuft, sondern unter die Armen verteilt zu werden.« Es ist die Geistigkeit, die allein die im Menschen-Innern sich offenbarende hingebende Liebe als den Ort erfuhr, wo der Herr der neuen Welt lebt. Es ist die Gesinnung, die Petrus Venerabilis den von der ganzen offiziellen Kirche verketzerten und verfolgten Abälard aufnehmen ließ, – und die schließlich doch schweigend respektiert wurde.

Die jetzige Kirche (Abb. 27) in Anzy-le-Duc stammt nicht mehr aus Bernons Zeit. Der, ähnlich wie in Tournus, ganz urtümlich aus Bruchsteinen aufgebaute Chor (Abb. 28) wurde etwa um 1040 errichtet. Das Langhaus wuchs in den folgenden Jahrzehnten langsam weiter und war vielleicht, als der Bau an Cluny III begann, eben vollendet. Architektonisch von großer Schlichtheit – Basilika mit Querschiff und (auch eine burgundische Eigenart) sehr hohem Vierungsturm, das Innere mit Kreuzgratgewölben und zweigeschossig, also ohne Triforium zwischen Mittelschiffarkaden und Fenstern –, ist der plastische Schmuck an den Kapitälen von erstaunlichem Reichtum. Und hier schaut man wie sonst kaum irgendwo in die Bilderfülle des mythischen Bewußtseins, das jene Zeit noch so sehr beherrschte, mitten hinein (Abb. 29–38).

Sie zu »deuten«, ist gar nicht immer möglich. Wohl aber kann man fast immer erkennen, in welche Richtung sie selber deuten. Man muß sich nur von ihnen leiten lassen.

Mehrfach erblickt man Menschen in Verbindung mit Tieren: Da ist einer, der mit einem Bein auf einem laufenden Löwen kniet und seine Hand auf dessen Kopf legt. Da ist – doppelt dargestellt – einer, der, in tiefer Besinnung das Haupt in die Hand gestützt, dasitzt und der von zwei Löwen beleckt wird. Ist der eine David, der den Löwen bezwingt? Der andere Daniel in der Löwengrube? Auf jeden Fall aber weisen sie beide in die Richtung, daß es des Menschen Aufgabe ist, das Tierhaf-

24. Montceaux-l'Etoile. Mythische Figur

te, das Leidenschaftselement der Seele in sich zu überwinden und zu sänftigen. Und vielleicht deutet auch das künstlerisch besonders schöne Kapitäl mit dem Mann, der in einem wunderbaren Schwung zwischen zwei riesigen Schlangen die »Brücke« macht, in die gleiche Richtung. Will es sagen, daß der Mensch, der mit seinem ganzen Wesen diese herrlich bewegte Schwungkraft in sich aufruft, die Macht der Schlange, die den Menschen zum Baum der Erkenntnis geführt hat, nicht zu fürchten braucht? Es scheint doch bei allen drei Bildern die Ansicht zugrunde zu liegen, daß das »Überwinden« zum Ziel habe, diese Kräfte, die sonst zerstörerisch, ja mörderisch wirken würden, dem Menschen zum Freund zu machen.

Andere Kapitäle – wie das mit den beiden einander am Bart fassenden und miteinander ringenden Männern, dem riesigen, ebenso langbärtigen und eine große Zunge herausstreckenden Kopf und dem alleinstehenden großköpfigen und übermäßig gedrungenen Mann und das sehr seltsame mit dem Flöte spielenden Dämon, den beiden aus einem gemeinsamen Unterleib herauswachsenden Menschen und anderen rätselhaften Gestalten – weisen wohl ebenso wie dasjenige, auf dem Michael mit dem Teufel kämpft, auf das Bewußtsein: Engel und Dämonen, größere als nur menschliche Kräfte, umgeben und durchwirken uns (Abb. 30–35).

25. Montceaux-l'Etoile. Kämpfender Engel
26. Anzy-le-Duc. Tympanon
27. Anzy-le-Duc. Außenansicht ▷
28. Anzy-le-Duc. Chorpartie ▷

Solche Kapitäle schließlich wie das mit den »Paradiesesflüssen« und das mit den Tauben, die in einer herrlichen Bewegung sich umwendend aus Blüten trinken, weckten in den Menschen das Bewußtsein von der strömenden Kraft und dem Atem friedevoller Reinheit der himmlischen, der geistigen Welt (Abb. 37, 38).

Auf die Empfindungen, die in diesen plastischen Bildern leben, muß man sich einlassen, dann kommt man dem nahe, was in den Menschen, die sich in ihnen äußerten, als ein halb träumendes, aber sehr machtvolles Seelenleben atmete.

Das eindrucksvollste Bild aber bietet das Portal von Anzy (Abb. 26). Da erscheint wieder die Himmelfahrt. Im Türsturz die zwölf Jünger, in ihrer Mitte deutlich Maria. Im Tympanon in einer von zwei großen Engeln getragenen Mandorla der hier auf einem Thronsessel sitzende Christus. Alles ist stark beschädigt, am meisten aber die Figuren, die in einer mächtigen Archivolte das Ganze umgaben, die 24 »Ältesten« der Apokalypse mit Kronen und Musikinstrumenten, die also »das Neue Lied« singen (Apok. 5).

Muß es schon ohnehin auffallen, daß gerade die Himmelfahrt als Portalszene eine so große Rolle spielt – auch im Westportal von Cluny war sie dargestellt und ebenso in dem weiter südlich gele-

29. Anzy-le-Duc. Innenansicht
30. Anzy-le-Duc. Daniel (?)

genen Charlieu, auf das wir noch zu sprechen kommen –, so bietet die Darstellung der 24 Ältesten in diesem Zusammenhang ein besonderes Rätsel; dann freilich auch die Lösung des ganzen Problems. Weshalb war den Menschen jener Zeit offenbar die Himmelfahrt ein so wichtiges Ereignis, das doch dem heutigen Bewußtsein im allgemeinen hinter anderen – etwa der Geburt, dem Kreuzestod usw. – zurücktritt? Erinnern wir uns auch, daß in der Begründung der »Treuga Dei« der Donnerstag ebenfalls von der Himmelfahrt seine Weihe empfing.

31. Anzy-le-Duc. Simson (David?)
32. Anzy-le-Duc. Der Streit (?)

Man wird das nie begreifen können, wenn man die Himmelfahrt, wie es heute meist geschieht, als die Rückkehr des Auferstandenen in die Welt, aus der er gekommen war, versteht. Es ist kein Abschied von der Erde. Wie hätte er sonst gerade dann sagen können: »Siehe, ich bin bei euch alle Tage bis an der Welt Ende.« Es ist sein Eingang in den »Neuen Himmel« – und »die Neue Erde«, die der Apokalyptiker sah, die aus der Auferstehung aufgehende Neue Welt. Deshalb erscheinen hier in Anzy diejenigen, die »das Neue Lied« singen. Die neue Schöpfung, *die Verklärung der Erde* –

33. Anzy-le-Duc. Der Schlangen-Überwinder (?)
34. Anzy-le-Duc. Kämpfender Engel

das ist das Geheimnis der Himmelfahrt, das den Menschen jener Zeit noch lebendig gegenwärtig gewesen sein muß. Nicht nur der Mensch, die ganze Erde ist durch Christi Tat zur Verwandlung, zur Verklärung berufen. Das ist die eigentliche, die kosmische Bedeutung des Sakraments, der Wandlung.

Und jetzt leuchtet erst der umfassende Sinn des Rufes auf: »Das Grab des Erlösers aus den Händen der Ungläubigen befreien!« Es ist das, was Novalis so aussprach: »Wir sind auf einer Mission.

35. Anzy-le-Duc. Mythische Szene
36. Anzy-le-Duc. Apokalyptischer König

Zur Bildung der Erde sind wir berufen.« Aus dem eigentlich Menschlichen, das erst im erhöhten Menschsein sich findet, das Erdensein gestalten – das ist damit gemeint. Im Menschen beginnt es. Der Mensch, der das dumpfe naturhafte, das von Leidenschaften beherrschte Seelenelement, der das manchmal herrliche, aber zugleich sein Menschtum verschlingende Tier überwindet, wird souverän und freier Schöpferkraft mächtig. Das ist ein höchst aktuelles Problem. Nur ist es heute nicht so sehr das Tier, das Leidenschaftselement, als die andere unmenschliche Macht, die Technik, die, autonom geworden, Mensch und Erde regiert, statt vom Menschen regiert zu werden.

In einer sehr eigenartigen Weise taucht das Motiv, das wir hier in Anzy fanden, in *Charlieu* auf (Abb. 41). An dem Portal des allein erhaltenen Westbaues der abgebrochenen Abteikirche erscheint im Tympanon wieder der thronende Christus in der von zwei Engeln getragenen Mandorla, darüber hinaus aber noch von dem apokalyptischen Viergetier umgeben. Im Türsturz die zwölf Jünger, in ihrer Mitte Maria und rechts und links von ihr zwei Engel (natürlich die »zwei Männer in weißen Kleidern«). Das Tympanon ist von reichen Archivolten umgeben. Die inneren sind rein ornamental. Die äußerste wird im wesentlichen von aneinandergereihten Kreisen gebildet, in deren jedem eine geöffnete kreuzförmige Blüte steht. Unten aber und ebenso oben im Zenit des Bogens stehen Figuren, und zwar oben ein Lamm, an den unteren Enden des Bogens je eine schön

37. Anzy-le-Duc. Trinkende Tauben

bewegte Gestalt in langem Gewand, eine Geige an die Schulter gelegt. Die Köpfe sind abgeschlagen – wie überhaupt das ganze Portal sehr beschädigt ist –, aber es kann doch kein Zweifel sein, worum es sich handelt. Zählt man nämlich die Blumenrosetten, so findet man auf jeder Seite zwölf. Vor der untersten aber steht jeweils die musizierende Gestalt, gleichsam aus ihr heraustretend und offenbarend, was eigentlich in den Rosetten verborgen ist: wieder die 24 Ältesten, die hier – damit auch kein Zweifel entstehe – das Lamm umgeben. – Wollte man hier in Charlieu das Ganze als ein esoterisches Geheimnis behandeln? Oder wollte man sagen: In denen, die »das Neue Lied singen«, erblüht die Erde? Sind sie die Blüte, aus der als Frucht die neue Erde hervorgehen wird? – Es kann nicht anders sein, als daß zwar nicht klar umrissene Gedanken, aber dunkle Empfindungen in den Menschen jener Zeit in diese Richtung gingen und nach Ausdruck drängten.

Wir müssen nun noch von zwei Portalen sprechen, die, untereinander ähnlich, ein ganz anderes Motiv darstellen.

Das eine ist das ehemalige Klosterportal von Anzy-le-Duc, in der südlichen Umfassungsmauer des einstigen Klosterhofes (Abb. 39). Das Tympanon enthält zwei Szenen: Links bringen die Kö-

38. Anzy-le-Duc. Die Paradiesesflüsse

nige dem göttlichen Kinde, das mit seiner Mutter in der Andeutung eines Gebäudes thront, anbetend ihre Gaben dar. Rechts – also »hinter« dieser Szene – wird der Sündenfall sichtbar. Adam und Eva unter einem Baum, rechts von Eva ein zweiter Baum, um dessen Stamm sich die Schlange windet und von dem Eva den Apfel zu Adam herüberreicht, der noch zweifelnd die Hand unters Kinn legt; ganz rechts dann die beiden, mit verzweifelter Gebärde einander anschauend, im Gebüsch verkrochen. Stehen diese beiden Szenen im Tympanon einfach nebeneinander, so erscheint im Türsturz die ganze Dynamik des Ringens um den Menschen in dem Kampf der Engel mit den Dämonen. Eine riesige Schlange greift nach einem Menschen, ein auf ihr reitender Teufel reißt eine ganze Anzahl von Menschen an einer Kette, mit der er sie gefesselt hält, fort. Schwerter schwingende Engel aber schützen Menschengruppen, die hinter ihnen stehen.

Womöglich noch eindrucksvoller trotz seiner technisch-künstlerischen Unbeholfenheit ist das Portal von *Neuilly-en-Donjon*, einem kleinen Dörfchen jenseits der Loire (Abb. 40). Wieder ist im Tympanon, hier aber den ganzen Raum füllend, die Anbetung der Könige dargestellt. Aber was für eine Szene ist das hier! Am Boden liegen zwei Tiere, wie es scheint ein Stier und ein Löwe, hier offenbar als Untiere gemeint. Auf ihnen steht der Thron der Jungfrau mit dem Kind, über sie schreiten die Könige, schreiten auch die vordersten der riesigen Engel, die in große Hörner bla-

39. Anzy-le-Duc. Tympanon vom Klosterportal

send von rechts und links her kommend die Szene einrahmen. Es ist ein Bild, das apokalyptischen Charakter hat. Im Türsturz darunter ist links wieder der Sündenfall dargestellt. Ganz links hier der Baum der Erkenntnis mit der Schlange, dann Adam und Eva, und rechts von ihnen der andere Baum, der Baum des Lebens. Dessen unterste Zweige (oder Früchte?) aber reichen auf den riesigen Tisch, der den größeren Teil des Bildraumes einnimmt und an dem Christus mit den zwölf Jüngern sitzt. Es ist offenbar das Abendmahl gemeint, also das Mahl, in dem die reine Speise, das »Brot des Lebens«, den Menschen wiedergegeben wird. Zu Christi Füßen aber kniet die Sünderin, die diese mit ihren Tränen netzt.

Wieder müssen wir fragen: warum diese Bilder? Warum vor allem dies beide Darstellungen beherrschende Bild von den anbetenden Königen? Ganz offenbar ist es ja als das entscheidende Gegenbild zu den Bildern vom Fall des Menschen, vom Verlust des Paradieses gemeint. Uns scheint, daß es wieder ein Musterbeispiel für die Logik des mythischen Denkens im Gegensatz zur Logik des abstrakt-intellektuellen Denkens ist. Dem letzteren erscheint doch diese Szene als eine Neben-Episode gegenüber der eigentlichen Geburt – wenn man überhaupt bei dem weihnachtlichen Bilderkreis bleiben will. Und das Abendmahl erscheint ihm ganz gewiß als

40. Neuilly-en-Donjon. Tympanon

eine unendlich gewichtigere und den Hauptplatz beanspruchende Szene. Das mythische Denken aber wird vom Bild und der mit ihm verbundenen Empfindung bestimmt. Zweifellos ist es das Königs-Element, was da die entscheidende Rolle spielt. Es steht gegenüber dem Motiv des im paradiesischen Garten lebenden Menschen des Ursprungs. Wir möchten es so »deuten«: Der Mensch hat die Unschuld des göttlichen Ursprungs verloren. Die Heilestat der Gottheit aber, die zu ihm herniederkam, führt ihn nicht nur zurück in paradiesische Unschuld – die durch diese Tat dem Menschen wiedergegebene Zukunft ist *der königliche Mensch*. Die drei, die da dem göttlichen Kinde nahen, sind nicht nur Abbilder historischer Gestalten der Vergangenheit. Sie sind gleichzeitig apokalyptische Figuren der Zukunft. Es war einfach das mythische Bild der Königsgestalten vor dem göttlichen Kind, das in den Seelen der Menschen dunkel träumende Ahnungen weckte. Und selbst das Abendmahl ist nur Station und Tor auf diesem Weg. Es ist, als schimmerte hier schon ganz leise etwas von den unendlichen Ahnungen des Goetheschen Märchens von der Grünen Schlange auf, das eben diese königliche Zukunft und Mission des Menschen bildhaft zum Ausdruck bringt.

41. Charlieu. Tympanon

Die Verklärung der Erde – das Königtum des Menschen – wir meinen nicht, daß sie als Begriffe im Bewußtsein jener Menschen lebten, aber als dunkle Empfindungskeime, die viel später einmal aufblühen können. Uns scheint, daß auch die Architektur jener Epoche, diese wahrhaft königliche Architektur, die in die Dimensionen der Erde hinauswächst, überhaupt nur so zu verstehen ist. Und der vorhin zitierte Satz von Novalis: »*Wir sind auf einer Mission. Zur Bildung der Erde sind wir berufen*« vereinigt beide Motive in sich.

PERRECY-LES-FORGES – AUTUN – SAULIEU

Die starke innere Dramatik, von der wir sprachen – als einem besonders charakteristischen Zeichen burgundischer Romanik – tritt uns nun in der gleichen Weise, ja womöglich noch nachdrücklicher entgegen, wenn wir uns in das nördliche Gebiet begeben.

Auf dem Wege von Paray-le-Monial nach Autun liegt, wenn man zunächst nicht die nach Westen ausholende Hauptstraße, sondern direkt nach Norden fährt, das kleine Städtchen *Perrecy-les-Forges*. Die Kirche selbst, auf einem flachen Hügel gelegen, hat durch Um- und Anbauten völlig ihr einstiges Aussehen verloren. Im wesentlichen unverändert erhalten aber ist die Vorhalle (Abb. 42). In den sehr reichen Kapitälen erscheint eine Fülle mythischer Gestalten. Ein Vogel mit drei Köpfen, kämpfende Engel und »wilde Männer«, ein Einsiedler (?) mit einem Buch vor einem seltsamen Baum, eine Frau, an deren Brüsten Schlangen hängen usw. (Abb. 44, 45). Besonders eindrucksvoll sind die Bilder, die über dem Portal hervortreten (Abb. 43).

Im Tympanon erscheint da der thronende, ein riesiges Buch aufgeschlagen auf den Knien tragende und die Rechte segnend erhebende Christus in der Mandorla. Zwei Engel, jeder mit sechs großen Flügeln, halten sie. Darunter aber im Türsturz befinden sich ganz einzigartige Szenen. Die Figuren sind teilweise stark beschädigt; worum es sich handelt, ist aber deutlich zu erkennen. Immer wieder sieht man die Gestalt Christi, durch den Kreuznimbus als solche eindeutig gekennzeichnet (insgesamt 5mal), zusammen mit vielen anderen Gestalten in einem von links nach rechts fortlaufenden Band. Die Szene ganz links ist schwer zu deuten. Dann folgt eine, die vielleicht den Judaskuß darstellen mag, danach die Gefangennahme, wobei hinter den äußerlich agierenden Gestalten einer mit einer hohen und spitzen Krone auf dem Haupt und aus seinem Rücken hervorwachsenden gebrochenen Flügeln steht – offenbar der Höllenfürst. Dann wieder Christus, wie fortgerissen, mit weit zurückgestrecktem Oberkörper. Ganz rechts schließlich – sehr beschädigt – noch einmal, vor einem Sitzenden stehend, also wohl vor Pilatus.

Eindeutig ist damit, wie im Tympanon auf den triumphierenden, im Türsturz auf den leidenden Christus gewiesen. Das Bedeutsame aber ist, daß nicht nur die Bilder, die uns als stärkster und deutlichster Ausdruck der Passion gelten – also etwa Geißelung, Kreuztragung, Kreuzigung – fehlen, sondern daß überhaupt die Szenen, wie sie die Evangelien geben, nur eben als Motive erscheinen für eine ganz selbständige Darstellung. Man gewinnt fast den Eindruck, als schilderte der Künstler nicht aus Tradition, sondern aus eigener Anschauung. Scheute er sich deshalb, die schmerzlichsten und grausamsten Szenen überhaupt wiederzugeben? Oder »sah« er diese nicht mit der gleichen Eindringlichkeit? – Eines wird auf jeden Fall auch bei vorsichtigster Begriffsbildung deutlich: Man blickte in jener Zeit auf die Urtatsachen des Christentums und der Christusge-

42. Perrecy-les-Forges. Vorhalle

stalt nicht mit dem strengen und exakten Blick, der die schriftlich fixierten und autorisierten Evangelien als die einzige Quelle anschaut, sondern in einer viel lebensvolleren Weise, in der biblische Bilder mythische Bilder erzeugten. So wie wir es bei dem seltsamen Motiv vom »Zwillingsbruder Christi« schon sahen.

Das Ganze aber, die Gestalt des verklärten Christus über den Szenen von dem leidenden Gott, spricht in seiner inneren Dramatik wieder das aus, was Charles Morgan einmal den »Triumph der Kreuzigung« genannt hat. Passion ist nur Vorspiel der Verklärung.

In *Autun* betritt man dann einen Boden mit sehr tiefen historischen Schichten.

Knapp 30 km westlich der jetzigen Stadt lag die große keltische Stadt Bibracte. Hier versammelte 52 v. Chr. Vercingetorix die kriegerische Mannschaft der keltischen Stämme zu einem großen Aufstand, der den letzten verzweifelten Versuch, die Römerherrschaft abzuschütteln, darstellte. Cäsar besiegte ihn, Bibracte wurde zerstört und – buchstäblich – dem Erdboden gleichgemacht. An seiner Statt begründeten die Römer die neue Hauptstadt des Gebietes und gaben ihr den Namen Augustodunum. Das ist das heutige Autun. Dies römische Augustodunum war eine bedeutende Stadt. Die beiden gut erhaltenen Stadttore zeugen ebenso von ihrer Größe wie die groß-

43. Perrecy-les-Forges. Tympanon

artige Theateranlage und unzählige Funde von Grabplastiken u. a. von ihrer kulturellen Bedeutsamkeit. Sie war berühmt wegen ihrer Schulen.

Sehr früh kam das Christentum in diese Stadt. Das Musée Rolin bewahrt eine im vorigen Jahrhundert gefundene Inschrifttafel, die man in das 2. Jahrhundert datiert. Sie ist in griechischer Sprache und Schrift abgefaßt und enthält einen jener wunderbaren Texte, wie man sie vielfach in den römischen Katakomben gefunden hat; einen Text, der noch ganz jenes zauberhafte Lebensgefühl des frühen Christentums atmet, dessen Hochgestimmtheit allein verstehen läßt, wie die Märtyrer singend und leuchtenden Antlitzes in den Tod gingen.

Die deutsche Übersetzung lautet:

»Als Gotteskind des himmlischen Fisches empfange, o Sterblicher, mit einem Herzen voller Ehrfurcht die Gabe der Unsterblichkeit. Verjünge deine Seele, mein Freund, im göttlichen Wasser, in der unversieglichen Quelle der Weisheit. Empfange auch die honigsüße Nahrung, die der Heiland der Heiligen reicht, iß und trink, du hältst den Ichthys* in Händen.«

* Ichthys (= Fisch) war das »Siegel«, die mythische Bezeichnung des Urchristentums für das kosmische Wesen des Christus.

44. Perrecy-les-Forges. Kapitäle links

»Ichthys, Herr und Meister, schenke mir die Gnade, die ich sehnlichst begehre, daß meine Mutter in Frieden ruhe. Darum flehe ich dich an, du Licht der Toten. Und du, Aschandios, mein Vater, den ich mit meiner süßen Mutter und all meinen Verwandten zärtlich liebe, erinnere dich im Frieden des Ichthys an deinen Sohn Pectorios.«

Diese Tafel bezeugt also eine griechisch-sprechende oder wenigstens zum Teil aus Griechen bestehende frühchristliche Gemeinde.

Autun wurde Bischofssitz. Es behielt seinen Stadtcharakter und damit die römische Tradition auch durch die stürmischen Jahrhunderte, die dem Zusammenbruch des Imperiums folgten.

Eine besondere Bedeutung gewann es dann, nachdem um das Jahr 870 die Gebeine des Lazarus von Marseille aus hierher überführt worden waren.

Die Legende, auf der dieser Glaube ruhte, erzählt, daß nach den Osterereignissen Lazarus zusammen mit seinen Schwestern Maria Magdalena und Martha sowie der Maria Jacobi und Maria Salome, die als Schwestern der Jungfrau angesehen wurden, und einer schwarzen Dienerin namens Sara auf wunderbare Weise nach Frankreich geführt und in Marseille gelandet seien. Die Legende erzählt dann weiter von ihrem Leben und Wirken in Frankreich bis zu ihrem Tode.

Das gehört also auch zu den Vorstellungen, die das mittelalterliche Abendland, insbesondere

45. Perrecy-les-Forges. Kapitäle rechts
46. Autun. Vorhalle

CORO NO

aber diese Gegenden erfüllten. Über ihre Straßen waren diese Gestalten gewandert, in ihrem Boden ruhten sie nun: der Jünger »den der Herr liebhatte« und seine Schwestern. Es gab viele Orte – u. a. auch Chartres – die Lazarus als den verehrten, der zuerst die Botschaft von den Ereignissen in Palästina zu ihnen gebracht hätte. Und wie es einst in Griechenland viele Städte gegeben hatte, die sich darum stritten, der Geburtsort Homers gewesen zu sein, so stritten in Frankreich mehrere Kirchen darum, daß in ihrem Boden Maria Magdalena begraben sei. Das heißt aber doch, daß man diese Gestalten sich sehr nahe empfand. Sie ruhten in dem gleichen Boden, in dem die eigenen Vorfahren lagen: der vom Tode Erweckte, den ER aus dem Grabe herausgerufen hatte, und ebenso, die die große Sünderin gewesen, durch die Läuterung gegangen und dann diejenige geworden war, die Ihn gesalbt und schließlich als erste auferstanden gesehen hatte. Durch sie hatte man die Botschaft gewissermaßen »aus erster Hand«.

Es gab mancherorts Bischöfe, die den Impuls von Cluny aufgenommen hatten. Die Bischöfe von Autun aber gehörten nicht zu ihnen. Erst im Jahre 1112 kam mit Stephan (Etienne) von Bâgé ein Mann an diesen Platz, der sich dieser inzwischen so machtvoll emporgewachsenen Welt öffnete, nachdem sein Vorgänger noch erbittert gegen sie gekämpft hatte. Stephan war es auch, der um 1120 den Neubau begann, der um 1150 vollendet war und den wir nun zu betrachten haben.

Die Außenansicht der Kathedrale St. Lazare ist infolge vieler späterer Um- und Anbauten wenig eindrucksvoll. Erst wenn man vor der – 1178 für die zu St. Lazare wallfahrtenden Leprosen errichteten – Vorhalle steht und dann die breite und hohe Treppe emporschreitend schließlich den Innenraum betritt, spürt man den großen Atem jener Zeit (Abb. 46).

Über dem Mittelportal findet man hier eine der großartigsten Darstellungen der ganzen Epoche (Abb. 46, 47). Nicht nur ihr Gegenstand, auch die Art der Darstellung sind von kaum zu überbietender Dramatik: Während auf dem breiten Band des Türsturzes die Toten aus ihren Gräbern kommen, wird im Tympanon das Jüngste Gericht sichtbar. In der Mitte riesengroß der Christus, zu seiner Linken die Verdammten, zu seiner Rechten die Seligen, dazu große helfende Engel und fürchterliche Teufel, fürbittende Heilige, die himmlischen Wohnungen und höllische Gespenster. Rührend die Szene, wie ein Engel einer armen Seele hilft, in die Himmelswohnung hinaufzukommen (Abb. 48), indes eine andere sich schon vertrauensvoll an seine Knie klammert. Gegenüber (Abb. 49) steht Michael den Seelen bei, wie sie auf einer Waage, an deren anderer Seite ein grausiger Teufel sich anhängt, gewogen werden. Seligkeit und grauenvoller Schrecken, erbarmende Liebe und höllische Schadenfreude, tödliche Angst und vertrauensvolle Hingabe sind hier mit gleich erschütternder Dramatik dargestellt.

Kann man nun in der Wahl des Gegenstandes vielleicht eine Auswirkung der hier in Autun so mächtigen römischen Strömung sehen, so wird doch zugleich durch die Art der Darstellung deutlich, daß das Ganze noch in einer sehr anderen Schicht erlebt wurde, als das heute der Fall ist. Da ist einmal das Größenverhältnis der einzelnen Figuren. Es richtet sich weder nach perspektivischen noch irgendwelchen anderen äußeren Gesetzen, sondern nach dem inneren Gewicht, der inneren

47. Autun. Christus vom Tympanon

Bedeutung und Größe des Dargestellten. Das heißt: Dem Bildhauer, der dies Tympanon schuf, war ganz selbstverständlich, daß er nicht in den Erdenraum, sondern in geistige Räume hinein zu bilden hatte, daß jenes Ereignis erst Erfahrung wird, wenn man die Schwelle ins Geistige überschritten hat.

Das gleiche aber, scheint uns, spricht auch die Überlänge der Gestalten aus, die alles natürliche Maß weit übersteigt. Alle sind sie wie riesige Gewächse, emporgereckt, wie Bäume immer höher und höher wachsen. In diese Welt des Wachstums, in die Sphäre der ätherischen Lebenskräfte hat der Künstler seine Gestalten hineingestellt. Es ist wahr, was man oft lesen kann, daß die Menschen jener Zeit sich immer wieder dem Jüngsten Tag und dem Jüngsten Gericht »nahe« gefühlt haben. Aber die Darstellung hier in Autun macht deutlich, daß es nicht in einem äußerlichen, irgendwie materialistischen Sinne der Fall war. Sie fühlten sich der Schwelle nach »drüben« nahe. Und sie wußten, daß die Begegnung mit »drüben« immer Gericht bedeutet. Aber so wie der Christus dieses Tympanons weder die einen ruft, noch die anderen abweist, wie er einfach nur da ist, so bricht die geistige Welt nicht herein, um zu richten, sie bricht nur einfach herein; aber ihr Kommen ist Gericht, weil es die Offenbarwerdung der Wahrheit, die große »Ent-Täuschung« ist.

Ein großartiges Beispiel dafür ist ein Kapitäl in *Bois-Sainte-Marie* (Abb. 50). Dem Menschen ist das Wunder des Wortes gegeben. Ihm allein. Im Wort kann er das Geistige im Erdensein offenbaren. Wer es mißbraucht aber – lügnerisch, verleumderisch oder sonst in unmenschlichem Sinne – der erfährt, manchmal schon im Erdenleben, gewiß aber beim Überschreiten der Schwelle, mit Schmerzen, daß alles nicht oder ungut Geübte nur noch eine Wunde ist. Und es offenbaren sich die Mächte, die ihm genommen haben, was ihn eigentlich erst zum Menschen macht; es sind die, die den Menschen hassen.

So ist »Gericht« gemeint. Und man darf nie vergessen, daß für jene Menschen die Schwelle, das Tor, über dem dies Bild erscheint, eben in einen Raum hineinführte, der eigentlich nicht Erdenraum, der von einem anderen, höheren Atem durchweht war als die Erdenwelt.

Wenn man dann in Autun diesen Innenraum betritt, so findet man dort die gleiche ganz eigenartige Verbindung des cluniazensischen mit dem römischen Prinzip. Der Wandaufbau mit spitzbogigen Arkaden, Triforiumsgalerie, Fensterreihe und schließlich spitzbogigem Tonnengewölbe ist der gleiche wie in Cluny. Vor den Arkadenpfeilern aber stehen nicht wie sonst in Burgund Säulen, sondern kannelierte Pfeiler. Kein Zweifel, sie kommen von den römischen Stadttoren her, die damals wohl wirklich noch Stadttore waren und nicht nur Sehenswürdigkeiten. So stark wirkte hier die Tradition (Abb. 53).

Und dann tut sich über all diesen Pfeilern das Wunder der Kapitäle mit der Fülle ihrer Bilder auf.

Schon in Cluny und Anzy-le-Duc waren wir ihm begegnet. Aber erst hier in Autun erscheint es in seiner ganzen reichen Herrlichkeit. Wahrhaft erstaunlich ist es, wie fast an all diesen Kirchen nicht nur aus den großen Flächen über den Portalen, sondern auch aus den Kapitälen eine Bilderwelt von unermeßlicher Fülle heraustritt, als sei der ganze Bau von ihr durchdrungen.

Und so ist es auch. Diese Plastiken sind nicht von außen der Architektur zu irgendwelchen Zwecken – etwa zur Belehrung einer des Lesens unkundigen Menge – angefügt. Wäre es so,

48. Autun. Vom Tympanon, linke Hälfte

49. Autun. Vom Tympanon, rechte Hälfte
50. Bois-Sainte-Marie. Höllenszene

dann hätte man sie an ganz andere Stelle setzen müssen als dorthin, wo sie stehen und wo sie oft nur mit Mühe in ihren Einzelheiten zu entziffern sind. Sie wachsen aus der Architektur hervor wie die Blüten aus der Pflanze. In ihnen tritt nur, was in dem großen Gefüge des ganzen Baues verborgen lebt, unverhüllt hervor; dort nämlich, wo – in den Portalen – der Bau sich eben nach außen »öffnet« und wo – in den Kapitälen – die Dynamik der in den Pfeilern und Säulen aufstrebenden und der in den Wänden lastenden Kräfte sie gleichsam heraustreibt. Und was ist es, das sich da offenbart?

In einem früheren Kapitel haben wir dargestellt: In der Architektur »äußert« der Mensch immer sich selbst. In seinen Bauten, in deren Wänden und Pfeilern und Säulen und Bögen lebt der Mensch selbst, der sie erbaut hat. Und was in der Architektur intuitiv-wesenhaft lebt, tritt in der Bilderwelt der Kapitäle imaginativ in Erscheinung. Aus dem Menschen in seiner ganzen Fülle und der ganzen dramatischen Dynamik seines Wesens tritt all das hervor, was in den Kapitälen erscheint: Götter und Dämonen, Zartestes und Gewalttätiges, Elementarisches und Geistiges, Seligkeit und Grauen, Tierisches und Engelverwandtes, Tod und Auferstehung. Aus sich selbst, aus ihrer eigenen, in dem Bau gleichsam objektivierten Leiblichkeit holten die Menschen jene Bilder hervor.

51. Autun. Kapitäle der Vorhalle links

So eigentlich muß man all das lesen, was da steht. Und auch das scheint uns dafür zu sprechen: daß diese Bilder wie aus einem Blätterwald hervortreten, das heißt aus der Sphäre des Lebendigen, des Lebensleibes, der den physischen Leib durchdringt und aus sich heraus bildet. Er ist es eigentlich, der all diese Bilder in sich enthält, diese Fülle des Menschseins.

Aus ihm tritt der Versucher hervor, diese Verzerrung des Menschlichen, aber auch der, der ihn zurückweist, der zurücktritt von der Versuchung der Macht und damit in die Sphäre des Engels, der hinter ihm steht, eingeht (Abb. 54). Aber auch Ostermorgen ist dem Menschen eingeschrieben. Sieh den Auferstandenen, still und steil wie eine Flamme emporwachsend, unberührbar selbst für Maria Magdalena, die in der einen Hand noch das Salbengefäß trägt, die andere nach seinen Füßen ausstreckt, indes ihre Knie sich schon anschicken, sich anbetend zu Boden zu beugen. Drüben aber stehen die beiden anderen Frauen vor dem leeren Grab, über dem der triumphierende Engel erscheint. Es gibt wenig Darstellungen, die so sehr von dem Zauberhauch der Osterfrühe erfüllt sind (Abb. 55).

Auch das ist im Menschen: das unendlich Zarte und Jungfräuliche, aus dem allein das Göttliche geboren wird; dies Göttliche, das in der vollendeten Machtlosigkeit des Kindes offenbar wird und vor dem sich doch die Könige neigen (Abb. 57). Gefährdet ist es immer und wird doch wundersam

52. Autun. Kapitäle der Vorhalle rechts

bewahrt (Abb. 58). Und auch das Königliche vermag zu erwachen, wenn der Engel, der auf den neu über der Menschheit aufgegangenen Stern weist (Abb. 56), einen anrührt.

Nicht zu überhören aber ist die Melodie des Todes. Denn das bedeutet die Darstellung des »Vierten Tones«. Das Glockenspiel, das die mittlere Gestalt trägt (das »tintinnabulum«), erklang in Cluny immer, wenn ein Mönch gestorben war (Abb. 63). Und auch Judas lauert im Menschen – Verrat des Göttlichen; diese Untat, die in Wahrheit schon Selbstmord ist (Abb. 60).

Der Auftrag aber, der dem Menschen eingeprägt ist, heißt: an und auf der Erde zu arbeiten. Den Spaten gab ihm der Herr in die Hand (Abb. 59). Und wer unrechtmäßig von ihr fortstrebt, unrechtmäßig sich in die Lüfte schwingt, wie es der Magier Simon tat, wird nur um so furchtbarer herabstürzen und der Tiefe verfallen (Abb. 61, 62). Dies alles – und noch unendlich vieles andere ist im Menschen.

Gewiß kann man sagen: Das sind doch einfach historische – oder mythologische – Geschichten, die hier dargestellt sind. Aber das ist kein Widerspruch. Denn alles, was wirklich geschehen ist, ist auch dem Menschen eingeschrieben. Er trägt seine ganze Geschichte in sich. Darüber hinaus aber sind diese Bilder, die einmal geschichtliches Ereignis waren, allesamt gleichzeitig »Siegel«, mystische Urbilder, wenn man will: »Archetypen«. Der Mensch trägt sie in sich, nicht in seinem Bewußtsein, sondern in jener tieferen Schicht seines Wesens, auf die wir vorhin hinwiesen; er kann aber mit seinem Bewußtsein dazu erwachen.

Ihre geistesgeschichtliche Bedeutung jedoch – und hier taucht wieder das Ur-Motiv des Mittelalters auf – erhält diese aus der Architektur heraustretende Bilderfülle der burgundisch-romanischen Plastik erst, wenn man sie auf dem Hintergrund der mohammedanischen Moschee mit ihren flächenhaften Arabesken und arabeskenhaften Schriftzeichen sieht.

Die »Bilderfeindlichkeit« des Islam wurzelt viel tiefer als in einem Verbot des Koran, das nur etwas wie eine Bestätigung ist. Sie ist vielleicht der stärkste und elementarste Ausdruck des von ihm fanatisch vertretenen, in Abstraktionen lebenden Intellektualismus. Hier lebte – nur vielleicht noch radikaler als in seinem Ursprung – das wieder auf, was im Alten Testament als Bilderverbot eine so große Rolle gespielt hatte.

Dieses Verbot – »Du sollst dir kein Gleichnis noch Bildnis machen ...« – hatte damals die Abkehr von der reichen flutenden Bilderwelt des alten, dekadent werdenden, dem Medialen verwandten Götterbewußtseins bedeutet. Es war heiliger Dienst an dem unsichtbaren Gott gewesen, der sich Moses offenbart hatte als der »Ich bin der Ich-bin«. Ihm hatte Moses in der Einrichtung des Tempels mit dem verhängten Allerheiligsten, in dem anstelle eines Götterbildes die Gesetzestafeln gehütet wurden, ein bildloses Bild geschaffen. Die tiefe Wahrheit und Bedeutung dieses »bildlosen Bildes« hat Jean Paul begriffen, als er die Worte prägte vom »innersten verhangenen Heiligtum der Seele«, in dem das »Ich« wohnt. Das – genauer gesagt: die geistige Macht, die es hervorbringen wollte – war der Gott, dem Israel diente. Einmal mußte die Menschheit diese Wüstenwanderung der Seele auf sich nehmen, ausziehen aus dem Land des die Seele überwältigenden traumhaften Bilderbewußtseins, um zu sich und zur Erde zu erwachen. Nur die Verheißung tröstete: Einmal würde in diesem Erden-Ich strahlend das »Ich-bin« des Gottessohnes aufgehen.

53. Autun. Innenansicht

54. Autun. Versuchung

55. Autun. Ostermorgen

Und dieser Gott des »Ich-bin« war Erden-Wirklichkeit geworden, war »in Erscheinung getreten«. Während der drei Jahre seines Erdenwirkens war immer wieder Irdisches zum »Bild« geworden, in dem das Göttliche sich offenbarte. Innerlichste Bilder waren nach außen getreten, waren dem Irdischen eingeprägt worden. Bilder, in denen sich eben die Mysterien des »Ich-bin« offenbarten. Das heißt: Jenseits der Bildlosigkeit hat eine neue Bilderwelt aufzugehen begonnen. Nicht mehr in einer Traumwelt, die vor der Wirklichkeit lag, sondern in einer Sphäre der Überwirklichkeit.

Das Bilderverbot des Alten Testaments war etwas wie die Bejahung eines weltgeschichtlichen Todesvorgangs, den die Menschheit einmal durchmachen mußte. Seine Erneuerung oder Weiterführung aber bedeutete wiederum das Beharren im Tode, das Festhalten am Grabe, das sich doch längst als Vorstufe zur Auferstehung offenbart hatte.

Das also ist die Bedeutung der romanischen Plastik, die aus der Architektur herauswächst. Auch sie ist etwas wie ein Triumphlied in dem Kampf um das »Grab des Erlösers«. Sie kündet von der durch Ihn entstandenen und immer wieder entstehenden Überwirklichkeit, die in abstrakten intellektuellen Begriffen nicht zu erfassen war, aber in Bildern »erschien«.

56. Autun. Die schlafenden Könige

In dem unweit der Kathedrale gelegenen Musée Rolin befinden sich einige Skulpturen, die ursprünglich ebenfalls im Gewände oder im Innern von St. Lazare gewesen waren und die bei den verschiedenen Umbauten entfernt, wie Bauschutt beiseite geworfen und erst im vorigen Jahrhundert wiedergefunden worden sind. Sie bringen gerade dies Motiv in besonderer Deutlichkeit zur Offenbarung.

Da ist einmal die einzigartige »Eva« (Abb. 64). Inmitten von rings um sie her aufwachsenden Bäumen erscheint sie, auf die Knie und den rechten Ellenbogen gestützt und so nur wenig aus dem Liegen sich erhebend, indes ihre Linke nach hinten greift, wo eine Teufelskralle einen Zweig mit Äpfeln in ihre ausgestreckte Hand hineinbiegt. Es war vielleicht einmal ein Türsturz. Ist es aber wirklich, wie man meint, ein Torso, dem ursprünglich ein entsprechender Adam zugehörte, der nur noch nicht wiedergefunden, vielleicht auch endgültig verloren ist? Oder ist dies Bild in sich vollkommen?

Fast möchte man sagen: In dem Maße, in dem dieses Bild von der üblichen Darstellung abweicht, übertrifft es sie auch an innerem Wahrheitsgehalt. Zumindest bringt es eine Seite des ungeheuren tragischen Vorgangs, den es darstellt, zum Ausdruck, die sonst nirgends so in Erschei-

57. Autun. Opfer der Könige

58. Autun. Flucht nach Ägypten

59. Autun. Adam (Kain?)
60. Autun. Judas
61. Autun. Sturz des Simon
62. Autun. Der Magier Simon

nung tritt. Denn diese Eva hier, in ihrer Haltung noch so nahe dem seiner selbst unbewußten Tier, weiß sie denn, was sie tut? Sie sieht nicht die fürchterliche Kralle, die ihr die schöne Frucht zubiegt in die Hand hinein, die sich freilich in träumerischem Verlangen ihr entgegenstreckt. Einen Augenblick später wird sie die Hände vors Gesicht schlagen: »Was habe ich getan!« Da wird sie wissen. Und wird auch wissen, daß sie dennoch schuldig ist. O über dies Verlangen, das sie den Arm ausstrecken und die Hand um das, was sich so verführerisch in sie schmiegte, schließen ließ!

Diese Darstellung spricht unmißverständlich aus: Einmal hat der Mensch in paradiesischer Unschuld gelebt, wie die Tiere schuldlos sind. Aber er griff in seinem Verlangen über sich hinaus. Und so kam er der Macht entgegen, die unbegreiflich von außen hereinkam, die ihm schmeichelte, weil sie seine Herrlichkeit haßte. Nun ist er ihren harten Krallen, ist er dem Tode verfallen. Er ist zu sich erwacht, aber aus dem holden Paradies des Lebens ist er ausgeschlossen.

Wenn dies mit Recht weltberühmte Relief die dem Menschsein so tief eingeprägte Tragik zum Ausdruck bringt, so zeigt ein daneben hängendes viel kleineres, weniger gut erhaltenes, aber nicht minder bedeutsames Relief die andere dem Menschen eingeprägte Tatsache, die diesen Verlust in einen unvergleichlich höheren Gewinn verwandelt hat (Abb. 65). Aus einem Sarkophag erhebt

63. Autun. Der vierte Ton

sich, von zwei großen Engeln emporgestützt, eine Frauengestalt. Sie erhebt sich, sie aufersteht, obwohl der Deckel doch auf diesem Sarkophag liegt ...

Auch wenn dies eine Auferstehung Mariae, nicht Christi ist, so spricht sie doch um so stärker von der Unermeßlichkeit der Tat Christi, der nicht nur für sich auferstand, dessen Auferstehungskraft weiterwirkte. Auferstehungskraft, die die harten Wände des Irdischen durchdringt, durch sie hindurchgeht, als ob sie nicht existierten.

Man muß sehr weit gehen, bis man eine Darstellung – das heißt aber auch ein Erlebnis – der Auferstehung von ähnlicher Größe findet. Es ist eigentlich erst der Isenheimer Altar des Matthias Grünewald und der Herrenberger Altar des Jörg Rathgeb (in der Stuttgarter Staatsgalerie), die auf ihre Weise das gleiche aussagen.

Diese Darstellung ist der deutlichste Beweis dafür, daß die Menschen des 12. Jahrhunderts die Urtatsachen des Christentums keineswegs in der Form eines primitiven, materialistischen Aberglaubens erlebten, sondern in der spirituellen Realität, die wir anzudeuten suchten.

Aus dem Erlebnis der fortzeugenden Kraft der Auferstehung entstand dann auch das große Werk, dessen wenige erhaltene Bruchstücke in dem nächsten Saal des Musée Rolin eine liebevolle Aufstellung erfahren haben (Abb. 66, 67, 68). Erst in der zweiten Hälfte des 12. Jahrhunderts

64. Autun. Eva
65. Autun. Auferstehung der Maria ▷

66. Autun. Martha

S
AN
DRE
AS

wurde hinter dem Hauptaltar im Chor von St. Lazare das Lazarusgrab aufgebaut. Es war etwas wie ein kleiner Tempel innerhalb des großen. Um die Grabplatte her standen zu Häupten in halblebensgroßen Gestalten Maria Magdalena und Martha, zu Füßen Andreas, Petrus und Christus. Christus war mit hocherhobener rechter Hand dargestellt, und dabei standen in lateinischer Sprache die Worte: »Lazarus, komm heraus!« Erhalten sind von diesen Figuren Martha, ihr Tuch an die Nase haltend (»Er riecht schon! ...«), Maria Magdalena mit ehrfürchtig staunender Gebärde und Andreas. Über diese Gestalten wird im einzelnen noch zu sprechen sein. Wichtig ist vor allem aber das Ganze. »Lazarus, komm heraus!« – der Ruf zur Auferstehung ging davon aus. Und ob bewußt oder nicht, die Menschen jener Zeit hörten ihn als an sich selbst gerichtet. –

Was also ist es, das all diese Bilder verkünden? – Der Mensch, wie er ist, ist ein Wesen, das von sich selbst abgefallen und dem Tode verfallen ist. Aber er kann auferstehen zu etwas, das mehr ist als er selbst.

Was uns in Autun mit solcher Großartigkeit begegnet, finden wir ähnlich, nur in bescheidenerem Ausmaß, in dem 40 km nördlich gelegenen *Saulieu* (Abb. 70). St. Andoche, ursprünglich Abtei-, später Kollegiatskirche, verdankt seine Gestalt dem gleichen Bischof Etienne de Bâgé, der auch St. Lazare in Autun gebaut hat. Doch ist Saulieu, das ein Jahrzehnt früher entstand, ohne die römischen Reminiszenzen von Autun in reinem cluniazensischem Stil erbaut (wenn auch ohne Chorumgang). Und auch hier taucht aus dem Blätterwald der Kapitäle eine Fülle von Bildern auf, hier von einem ganz anderen, ungestümeren Meister geschaffen. Manche haben die gleichen oder ähnlichen Motive wie Autun (Versuchung, Ostermorgen, Flucht nach Ägypten), manche sind ganz anderer Art. Bei der einen wie bei der anderen Gruppe aber finden sich solche, die das bisher Dargestellte deutlicher machen können (Abb. 71 bis 78).

Da sind, um zunächst von der zweiten Gruppe zu sprechen, einige, die nur Blätter oder Blätter und aus ihnen hervorwachsend seltsame Köpfe zeigen (Abb. 77). So wie es nun bei der Darstellung der bloßen Blätter dem Künstler wohl mehr auf die Wachstumsbewegung als auf das Aussehen ankam, so hat man in den anderen ganz offenbar einen der seltenen Fälle, wo einmal ganz unmittelbar und unmißverständlich Elementarwesen, wie sie in den Lebensprozessen weben, sichtbar gemacht werden. Kein Zweifel, der sie da gebildet hat, hat sie gesehen. Denn so menschenähnlich die einen, so tierverwandt die anderen gebildet sind – es ist etwas ganz Anderes, Eigenartiges, was einen aus dieser Bilderwelt anschaut. Fast möchte man sagen: In den Menschen-ähnlichen Köpfen ist mehr Sehnsucht nach dem Menschen als Menschen-verwandtes. Ist es das, was Paulus als das »ängstliche Harren der Kreatur« und Sehnsucht »nach der herrlichen Freiheit der Gottes-Söhne« erlebte?

Die gleiche Sehnsucht nach dem Menschen offenbart sich nun von einer ganz anderen Seite her in einem Kapitäl der anderen Gruppe, der Versuchung (Abb. 71). Unglaublich dramatisch ist sie hier dargestellt. Von überwältigender Scheußlichkeit der Teufel. Der Mund ist zu einem grausigen Maul hypertrophiert, die Stirn geht in lodernden Flammen auf, die mittlere Partie des Hauptes ist fast nicht vorhanden. So abgrundhäßlich dies Antlitz ist, so überirdisch schön ist das des En-

◁ 67. Maria Magdalena vom Lazarus-Grab
◁ 68. Autun. Andreas vom Lazarus-Grab
69. Autun. Jüngling

70. Saulieu. Innenansicht
71. Saulieu. Versuchung

72. Saulieu. Flucht nach Ägypten
73. Saulieu. Kentaur

gels. Es ist vielleicht das schönste, wahrhaft Schönheit-strahlende, das diese ganze Epoche hervorgebracht hat. Das kann doch gar nichts anderes heißen als: Du verlierst dein menschliches Antlitz, o Mensch, bist nur noch eine Verzerrung deiner selbst, wenn du dem Nur-Irdischen einerseits, dem Bloß-Gedanklichen andererseits verfällst und nicht aus deiner Mitte heraus lebst. Voller Sehnsucht aber schaut auf dich aus einer höheren Welt das Wesen, das dein eigentliches Antlitz trägt.

Und vielleicht kann man sagen: Das ist die tiefste Sehnsucht, die die Kunst dieser ganzen Epoche, Architektur wie Plastik, offenbart, die Sehnsucht nach dem Menschen. Daß er auferstehe aus sich selbst zu seinem wahren Wesen. Daß aus alldem, was er in sich trägt, in ungeheurer Dynamik, aus Göttern und Dämonen, Zartem und Gewalttätigem, Seligkeit und Höllenqual seine wahre Gestalt erstehe.

74. Saulieu. Ostermorgen

75. Saulieu. Ostermorgen
76. Saulieu. Kämpfende Tiere

77. Saulieu. Elementarwesen
78. Saulieu. Bileam

VÉZELAY

Inmitten einer ausgedehnten Mulde, deren Rand eine Kette flacher, weitgedehnter Hügel bildet, erhebt sich ein einzelner. Auf ihm liegt Vézelay, etwa 100 km nordwestlich Autun. Es ist eine einzigartige Lage, Weite und Begrenzung vermählen sich in ihr auf zauberhafte Weise. Hier wuchs die nach Cluny wohl größte romanische Kirche, die Ste. Madeleine, empor.

Auch Vézelay hat eine bis in die Vorzeit zurückreichende Geschichte. Unten im Tal, südwestlich des Hügels, hat man in den letzten Jahrzehnten eine römische Siedlung ausgegraben, die um eine bei dieser Gelegenheit auch wiederentdeckte Mineralquelle her entstanden war. Die Grundmauern ausgedehnter Bade-Anlagen mit allen für die Römer wichtigen Nebenanlagen kann man dort besichtigen. Auch ein kleiner Tempel für die Quellgöttin, deren Standbild freilich leider nicht gefunden wurde, stand da. Weihgeschenke an sie, Schmuck und Toilettengegenstände der römischen Damen sowie Münzen von der Zeit des Augustus an bis zu Claudius erzählen von drei Jahrhunderten unter der pax romana.

Diese römische Ansiedlung aber wurde nur in eine viel ältere keltische und sogar bis ins 10. vorchristliche Jahrhundert zurückreichende vorkeltische Siedlung hineingebaut, die sich kilometerweit im Tal der Cure ausdehnte. Zumindest die keltischen Siedler haben die Kräfte der Mineralquelle gesucht. Man hat im Boden wohlerhalten ihre »Badewannen« gefunden. Es waren etwa mannsgroße Stücke von riesigen Eichenstämmen, deren Inneres man ausgehöhlt hatte, und in denen stehend man badete; aber auch Anlagen, die das Baden in freien Becken erlaubten, waren vorhanden.

Ob und wieweit an diesem seit langen Zeiten als mit göttlichem Wirken verbunden erlebten Ort schon in römischen Zeiten wie in Saulieu und Autun eine christliche Gemeinde lebte, wissen wir nicht. Spuren einer Johannes d. T. geweihten und auf den Grundmauern eines kleinen römischen Tempels errichteten Kapelle gehen gewiß nicht bis in jene Zeit zurück.

Die Geschichte des christlichen Vézelay beginnt für uns erst im 9. Jahrhundert. Damals stiftete *Gérard de Roussillon*, der sagenumwobene Graf der Provence, dort im Tal nahe den alten Quellenheiligtümern ein Kloster. Daß es ein Frauenkloster sein sollte, hängt vielleicht damit zusammen, daß an jenem Ort immer noch etwas von der Verehrung weiblicher Gottheiten in Zusammenhang mit den Quellen lebendig geblieben war. Er gab diesem Kloster denselben Status der Unabhängigkeit von weltlichen und geistlichen Herren, der für Cluny so bedeutsam wurde. Das war gegen 810. Sehr lange sollten sich die frommen Frauen dieser Stiftung nicht erfreuen. Die Normannen brachen – um die Mitte des Jahrhunderts – mordend und plündernd auch in diese Gegend ein. Bei der immer weitergehenden Chaotisierung der Verhältnisse mußte man einsehen, daß ein Convent

79. Vézelay. Mittelportal

von Frauen sich nicht halten konnte. In den siebziger Jahren wurde das Kloster Benediktiner-Mönchen übergeben. Sie waren es, die dann sehr bald aus dem Tal auf den besseren Schutz und notfalls Verteidigungsmöglichkeit bietenden Hügel übersiedelten.

Die nächsten anderthalb Jahrhunderte vergingen ohne große Ereignisse. Das Kloster bewies keinerlei besondere Leistung. Es wachte nur eifersüchtig über seine alten Privilegien, schloß sich auch Cluny nicht an. Ja, um die Jahrtausendwende scheint ein bedenklicher Verfall der Sitten unter den Mönchen eingerissen zu sein. Aber um das Jahr 1040 schlug die große Stunde für Vézelay.

Plötzlich verbreitete sich das Gerücht: dort oben auf dem Hügel liege – wie in Autun Lazarus – Maria Magdalena begraben. Und von Stund an begann die große Pilgerfahrt zu der heiligen Sünderin. Für viele wurde es nur die erste Etappe zu einer größeren Pilgerfahrt. Vézelay wurde Ausgangspunkt einer der großen Pilgerstraßen nach Santiago de Compostela.

Der ständig wachsende Pilgerstrom wird durch eine Bulle des Papstes Leo IX. von 1050 in seinem Glauben an die Echtheit der Reliquien bestätigt: Die alte kleine Klosterkirche ist bald zu eng. Der Andrang schafft aber nicht nur die Notwendigkeit, sondern auch die Möglichkeit zu einem Neubau, der wohl schon um 1080 begonnen und 1106 unter dem Abt Artaud vollendet wurde. Aber schon war auch dieser Bau zu klein. Eine große Feuersbrunst, der im Jahre 1120 das Kloster und eine große Anzahl dort versammelter Menschen zum Opfer fielen, gab den Anlaß zum Bau der jetzigen, dritten Kirche von Vézelay. Chor und Querschiff des vorigen Baues wurden dabei wohl zunächst nur in ihrer alten Gestalt wiederhergestellt. Der eigentliche Neubau begann von Westen, d.h. von dem Portal her, das jetzt am Ende der erst etwas später angefügten Vorhalle steht. Bis zur Jahrhundertmitte war dieser Bau, einschließlich des Narthex, der Vorhalle, vollendet. Erst um 1190 entschloß man sich dann, das für dieses riesige Langhaus viel zu kleine Ostwerk des Abts Artaud – Querschiff und Chor – zu erneuern. Da aber war schon eine ganz neue Baugesinnung erwacht, die die innere Notwendigkeit des Querschiffs nicht mehr einsah und zudem völlig neue Formen hervorgebracht hatte. So entstand der jetzige Ostbau: ein kaum noch als solches bemerkbares Querschiff (wohl einfach auf den Grundmauern des älteren errichtet) und ein überheller »gotischer« Chor.

Vézelays größte Stunde aber kam, während noch Maurer und Steinmetzen an dem großen neuen Schiff werkten. Am Osterfest des Jahres 1147 hielt König Louis VII. in Vézelay Hoftag, zu dem nicht nur die Großen seines Reiches, sondern auch Barone und Ritter, Bürger und Bauern zu vielen Tausenden zusammenströmten. Und hier war es, wo Bernhard von Clairvaux in die auf der Nordflanke des Hügels versammelte Menge das Feuer seiner Worte warf, »das Grab des Erlösers aus den Händen der Ungläubigen zu befreien«. Hier war es, wo die Begeisterung, die den zweiten Kreuzzug auslöste, sich in solchem Maße entzündete, daß der Abt schließlich seine Kutte in Streifen reißen mußte, um den nach Kreuzen verlangenden Menschen etwas zu geben, woraus sie sich dies heilige Zeichen auf die Kleider heften konnten.

Im 13. Jahrhundert wurde die wenig schöne westliche Fassade angefügt. In diesem Jahrhundert aber erhoben sich auch schon die ersten Zweifel an der Echtheit der Reliquien, wonach bald der Pilgerstrom zu versickern begann. Vézelay erlebte seinen Herbst. 1538 wurde das Kloster aufge-

80. Vézelay. Christus vom Tympanon

löst, die Ste. Madeleine wurde Kollegiatskirche. In den Religionskriegen wurde ihr reicher Schatz geplündert. 1790 wurde sie säkularisiert. Daß sie heute noch steht, hat sie, wie so viele andere Kirchen, dem leidenschaftlichen Bemühen Viollet le Duc's zu danken, dessen Eifer für die Erhaltung und Wiederherstellung der mittelalterlichen Kirchen freilich hier wie an vielen anderen Orten manches allzu »schön« und vollkommen »erneuerte«.

Aus dieser seiner Geschichte heraus muß man Vézelay verstehen. Es ist eine Pilgerkirche. Das war Cluny auch. Aber Cluny war von innen her gewachsen, und die Pilger, die sich dort versammelten, wurden hingelockt durch das, was da geistig lebte. Deshalb blieb Cluny – und sprach es in seiner Form aus – etwas, das in sich selber ruhte. In Vézelay hatte das Kloster kein besonderes geistiges Gewicht. Es war durch Beiträge, die von außen kamen, reich geworden. Langhaus und Narthex, d.h. eigentlich der exoterische Teil des Baus, waren der Ausgangspunkt und auch der eigentliche Zweck des ganzen Unternehmens, und auch die Schönheit des frühgotischen Chores kann nicht darüber hinwegtäuschen, daß er nur nachträglich angesetzt ist. Das Kreuz mit dem Querschiff und der Vierung, der eigentliche Wachstumspunkt der romanischen Kathedrale, ist kaum angedeutet.

Wenn man deshalb auch nicht sagen kann – was sehr oft gesagt wird –, daß Vézelay die bedeutendste romanische Kirche sei, so offenbart es doch eine Fülle, ja eine Überfülle unmittelbar ergreifender Schönheit. Es ist hier wie im Pflanzenreich, wo zuweilen gerade die unfruchtbaren Blüten die schönsten sind. Der Reichtum Vézelays ist Erbe. Aber es hat auch den ganzen Reichtum der burgundischen Romanik geerbt.

Das gilt zunächst von der architektonischen Gestalt. Wir sprechen auch da nur von Langhaus und Vorhalle. Denn der Blick auf das Ganze wirkt unbefriedigend, es erscheint ungeschickt zusammengesetzt. Betritt man aber das Innere, so ist das alles vergessen. Es ist einer der schönsten Räume, die der Menschheit gelungen sind. Fast möchte man meinen, der Architekt, der das schuf, sei inspiriert gewesen von dem, was wir eingangs von der landschaftlichen Lage Vézelays sagten: Weite und Begrenzung. Denn das macht die Schönheit dieses Raumes aus: wie der Blick ins Hohe und Weite geführt und doch durch die hohen Rundbögen immer wieder begrenzt, im Gestalteten verhalten wird (Abb. 88).

O diese Bögen von Vézelay! Sie sind alternierend von dunklen und hellen Steinen gebildet. Mag das in der glatten Vollkommenheit, mit der es jetzt in Erscheinung tritt, auch vielleicht auf Viollet le Duc zurückgehen und im Mittelalter unregelmäßiger gewesen sein – gemeint war es so. Und was dadurch bewirkt wird, ist das Erlebnis: Sie sind gesetzt, bewußt gesetzt. Bewußt gesetztes Firmament! Immer im gleichen Rhythmus wiederkehrend prägen sie dies ein.

Vielleicht aber spielt bei diesem Motiv der abwechselnd von hellen und dunklen Steinen gebildeten Bögen – wobei die dunklen Steine immer deutlich schmäler sind als die hellen – noch etwas anderes mit. Es gibt kaum einen Kirchenraum, der so unmittelbar zum Erlebnis brächte, was wir früher schon dargestellt haben: den »erhöhten« Raum, die von innen erhöhte Leiblichkeit. Muß

81. Vézelay. Linkes Seitenportal

man vielleicht dies Ineinanderspielen von Licht und Dunkel als Ausdruck jenes dramatischen Wandlungsprozesses verstehen? Nicht – das müssen wir immer wieder betonen – in einem intellektuell-bewußten, allegorischen Sinn, sondern aus einem nur halb bewußten künstlerischen Empfinden heraus entstanden? Diese Bögen, lassen sie die dunklen Einschlüsse, die noch der lichten Leiblichkeit bleiben, ahnen? So wie die Faustens Unsterbliches tragenden Engel sagen: »Es bleibt ein Erdenrest zu tragen peinlich.«

Der architektonische Aufbau ist sehr schlicht. Das Mittelschiff öffnet sich mit großen rundbogigen Arkaden in das »Raumpolster« der Seitenschiffe, die ihrerseits wunderbar geschlossene Prozessionswege darstellen (Abb. 87). Es ist zweigeschossig, d. h. ohne Triforiengalerie. Eine schmale, reich profilierte waagerechte Leiste bildet den Sockel für das Fenstergeschoß, auf dem auch die die Schildbögen über den Fenstern tragenden Pilaster aufstehen. Pilaster und Säulen steigen von Stufe zu Stufe, bis sie über reichen Kapitälen die großen Gurtbögen aufnehmen.

Und nun müssen wir von den Kapitälen sprechen. Es scheint fast, als sei ihr Reichtum die Antwort auf die Zurückhaltung im Architektonischen. Als sei die ganze Bildekraft, die sich sonst in der Triforiengalerie auslebte, gestaut und in dieser Fülle von Kapitälen, die sowohl an den unteren Arkaden als auch hoch oben unter den Wölbungen erscheinen, wirksam geworden. Es sind etwa hundert; und wenn auch viele »nur« Blattwerk und ähnliches tragen, über die Hälfte enthält menschliche, dämonische und engelhafte Gestalten.

Zunächst muß man die künstlerische Sicherheit bewundern, die in deren Anordnung waltet. Die tragenden Pfeiler der Mittelschiffwand sind kreuzförmig und haben vor jedem ihrer vier kurzen »Arme« eine Säule stehen, die jeweils die Bögen der Arkaden bzw. die Gurtbögen des Seitenschiffs tragen, während die vierte zum Mittelschiff hin gewandte weiter emporwächst, um schließlich den das Mittelschiff überspannenden (Gurt-)Bogen zu tragen. Es erscheinen nun um diese Pfeiler herum jeweils in der Höhe der Arkaden drei Kapitäle: unter den Arkadenbögen und zum Seitenschiff – nicht aber zum Mittelschiff hin. Dort wird die entsprechende Säule nur von einer glatten Platte abgeschlossen, auf der ihre Fortsetzung aufsteht. Warum? Auch dies vierte Kapitäl ist da, es ist nur – architektonisch konsequent – emporgehoben bis unter den großen Gurtbogen in der Fensterregion, wo es freilich in seinen Einzelheiten gar nicht mehr zu erkennen ist. Es ist dies eine der Stellen, wo unmittelbar sichtbar wird, daß diese Kapitäle eben keineswegs zur »Belehrung« der Laien geschaffen wurden, sondern von innen her, inneren Gesetzen folgend, aus dem Ganzen des Baues herauswuchsen.

Blickt man nun im einzelnen auf den Reichtum an plastischer Gestaltung, der da hervortritt, und auf die vielen einzelnen Motive, so sieht man im ganzen die gleiche Gigantomachie, die uns auch sonst begegnet ist, Kampf der Menschen, Engel und Dämonen um den Menschen. Diese Menschen waren in einer Welt zuhause, hinter deren dünnen Wänden überall geistige Mächte wohnten. Als Moses vom Berge herabkommend die Israeliten um das goldene Kalb versammelt findet, sind es nicht nur die Menschen, deren innere Schwäche sein Zorn trifft – schreiend fährt ein

82. Vézelay. Rechtes Seitenportal
83. Vézelay. Petrus und Paulus ▷

84. Vézelay.
Johannes

Dämon aus dem Idol (Abb. 94). Die Frau, die, von der Musik betört, ihrer Sinnlichkeit verfallen ist, wird von einem Dämon gestreichelt – einem herrlichen Teufel mit dünnem Leib, riesigem Kopf und dürren Bocksfüßen (Abb. 93). St. Hubertus aber, der auf seinem Roß, seinen Hund an der Leine und in sein Hifthorn blasend hinter einem Hirsch herjagt, wird plötzlich gewahr, daß ein Kreuz zwischen dessen Geweih erscheint: Der Auferstandene lebt in allem Erdensein (Abb. 89). Das den Sinnen Wahrnehmbare ist beinahe nur die Rückseite der wirklichen Welt. Wenn der Reiche bei seinem Tod zum Schrecken seiner Frau von den Teufeln geholt wird, so heißt das, daß jetzt nur offenbar wird, mit welchen Mächten er im Leben zusammengehaust, wem er Anteil an sich gegeben hat, indes des armen Lazarus Seele nun wie vordem auch den Engeln gehört (Abb. 90). Auch die Szene, wo zur teuflischen Freude eines Dämons und dem Schrecken eines Mannes ein Knabe samt seinem Hund von einem Adler fortgetragen wird (Abb. 91), ist wohl als die heute nicht mehr bekannte Geschichte von einem Hochmütigen so zu deuten.

Dazwischen findet man in Vézelay außer mancherlei Heiligengeschichten symbolhafte Darstellungen, die manches Rätsel aufgeben. Ist das Bild von der Mühle wirklich, wie man es immer wieder erklärt findet, ein Bild für Christus, durch den das Korn, das Moses hineinschüttet, zu Mehl gemahlen wird, das Paulus sorgsam in einen fast schon vollen Sack auffängt? Ist es nicht viel elementarer gemeint? Vielleicht so, daß jeder Mensch Korn ist, das erst gemahlen werden muß? Das Bild der Mühle ist ja ein uraltes mythisches Bild (Abb. 92). Deshalb könnte das Rad in der Form des Kreuzes in einem Kreis sogar dennoch auf Christus deuten: Er ist es, der im Schicksal wirkt. – In die gleiche Gruppe gehört eine Darstellung, die von den einen als »Die vier Winde«, von anderen als »Die Imker« (Abb. 95) gedeutet wird. Wir möchten eher dieser zweiten Meinung zustimmen. Denn auch dies ist ein uraltes mythisches Bild: daß der Mensch berufen ist, Weisheit wie Honig aus dem Irdischen zu saugen und in die geistige Welt heimzutragen.

Durchweg empfindet man indes hier in Vézelay einen anderen Geist am Werk als der war, dem wir in Autun, Saulieu, Anzy-le-Duc usw. begegnet sind. Wahrscheinlich haben doch die recht, die meinen, das »Programm«, d. h. die Auswahl der Motive für die plastischen Darstellungen hier gehe auf Petrus Venerabilis zurück, der als junger Mönch in Vézelay die Klosterschule leitete, zur Zeit der Erbauung der Ste. Madeleine freilich schon Abt in Cluny war, weit berühmt ob seines weltumspannenden Wissens. Denn so wirkt dies alles hier: ein wenig gelehrt und theologisch.

Das hängt nun freilich mit einer Erscheinung zusammen, die sehr auffallend ist. In dieser ganzen Bilderwelt der Kapitäle vermißt man die elementaren Urbilder: Geburt, Verkündigung, Flucht, Versuchung, Auferstehung usw. Adam und Eva zwar und der schreckliche Tod des Judas sind da – aber in der Kapitälreihe hoch oben unter der Wölbung, wo sie kaum erkennbar sind. Die anderen Szenen aber fehlen hier völlig – bis man entdeckt, daß sie doch da sind. Sie sind nur herausgetreten an die Portale, die von der Vorhalle in die Kirche hineinführen. Und nun stehen wir vor dem, was freilich die bedeutendste Leistung Vézelays ist.

In drei Portalen, an denen ein überraschend großer Reichtum an plastischer Gestaltung erscheint, öffnet sich die Vorhalle zur Kirche – genauer gesagt: öffnet sich die Kirche zur Vorhalle.

◁ 85. Vézelay. Kämpfender Engel
◁ 86. Vézelay. Verkündigungs-Engel
87. Vézelay. Linkes Seitenschiff

Denn von innen her, nicht von außen angesetzt, erlebte man in jener Zeit Portale. In der Mitte der Auferstandene im Kreis der Jünger und der Völker der Welt, rechts und links Geburt und Tod (Abb. 79–82).

Wenden wir uns zunächst den beiden Seitenportalen zu. In ihnen wird offenbar, was durch das Hereinkommen des Christus in die Erdenwelt aus den beiden Pforten wird, die für jeden Menschen die Tore sind, durch die er – kommend oder gehend – mit der Geistwelt verbunden ist: Geburt und Tod. Auferstehung ist das, worein der Tod verwandelt ist. Aber auch Geburt ist seitdem von einem Wunder überglänzt. Das Geburtsportal – es steht, wie auch wenige Jahrzehnte später am Westportal von Chartres, rechts, das Auferstehungsportal links – zeigt in der unteren Hälfte des Tympanons Verkündigung, Heimsuchung, Geburt und die Hirten auf dem Felde, in der oberen Hälfte das Weihnachtsmotiv, das wir auch sonst überall als das beherrschende vorfanden: die Anbetung der Könige. Aber auch in den Kapitälen von Säule und Pfeiler und in den Kragsteinen der Wand brechen plastische Darstellungen hervor. Innen rechts und links je ein Engel mit hoch erhobenen Armen und weit geöffneten Flügeln herabschwebend, daß sein Gewand wie eine Fahne weht: ein einziges Jubilieren (Abb. 86). Auf jeden, der durch dies Portal tritt, fliegen sie zu, ihm das Unerhörte verkündend: Gott wird Mensch! Über der Säule rechts erscheint das Zeichen der Sternstunde, in der es geschieht: der Schütze – über dem Pilaster links in lauter Blattwerk eine nicht mehr genau zu erkennende Gestalt (fast alle Figuren sind stark beschädigt). So verkündet dies Portal das Wunder, die neue Würde des Menschseins, das Bekenntnis der Gottheit zum Menschen und zur Erde.

Das linke Seitenportal zeigt in der unteren Hälfte des Tympanons die Emmaus-Geschichte. Links begegnen die beiden Jünger dem Auferstandenen, ohne ihn zu erkennen. In der Mitte die Szene, wo sie das Mahl miteinander halten und sie ihn in dem Augenblick, bevor er ihren Augen wieder entschwindet, erkennen, wie er das Brot bricht. Rechts eilen sie zurück nach Jerusalem, den anderen Jüngern zu verkünden: »Wir haben Ihn gesehen!« In der oberen Hälfte steht die Himmelfahrt, eigenartigerweise mit nur acht Jüngern. Auch hier treiben die Kapitäle und Kragsteine darunter noch Gestalten hervor: innen Engel, die Teufelsmächte besiegen (Abb. 85), außen der vierte Ton – die Melodie des Todes – und links ein sehr zerstörtes Fabelwesen: War es eine Chimäre, ein Basilisk oder eine Sirene? Was auch immer – es war ein Zeichen des Todes, dessen Macht überwunden ist. Der Auferstandene erscheint an der Pforte, in der einst seine dunkle Gestalt stand. Der Auferstandene, der im Abendmahl beständige Gegenwart geworden ist, der in der Himmelfahrt die Verklärung der Erde begründete.

Das eigentlich diesen ganzen Raum und den Eingang beherrschende ist das mit Recht zu Weltberühmtheit gelangte Mittelportal. Riesengroß thront in der Mitte der Auferstandene, in ein Gewand gehüllt, das ihn wie strömendes Wasser umhüllt (Abb. 80). Von seinen Händen gehen Strahlen aus, die sich auf die Häupter der ihn umgebenden Apostel niederlassen. Wie ein Rahmen umgibt dieses Bild eine Fülle von Szenen, seltsame Menschengestalten, Hundsköpfige, Pygmäen, die mit Hilfe einer Leiter ihre Pferde besteigen, Riesen, deren Füße beim Reiten auf dem Boden schleifen, Menschen mit riesigen Ohren usw. Es sind die Völker der Welt.

88. Vézelay. Mittelschiff

89. Vézelay. St. Eustachius (Hubertus)

90. Vézelay. Der reiche Mann und der arme Lazarus

91. Vézelay. Knabenraub
92. Vézelay. Die mystische Mühle

Was hier dargestellt wurde, entspricht keiner überlieferten Szene in den Evangelien. Es ist – wie wir dem schon öfter begegnet sind – Bildwerdung, unmittelbare Wahrnehmung einer geistigen Wirklichkeit. Die Apostel werden hinausziehen in die Menschheit. Aber eigentlich sind es nicht sie, die nun wirken. Der Auferstandene läßt sein Wesen auf sie, in sie erstrahlen. Er ist es, der durch sie wirksam wird. Und hier stehen wir vor einem höchst bedeutsamen Motiv.

In unserer Zeit stehen zwei »Geschichtsauffassungen« gegeneinander. Die eine, die sagt: Männer machen Geschichte. Die andere, die sagt: Die (ökonomischen) Verhältnisse machen Geschichte. Der Mensch des Mittelalters hätte über beide den Kopf geschüttelt und gesagt: Mag sein – aber eigentlich sind es geistige Mächte, die die Geschichte bewirken. Menschen – gewiß; aber nicht nur Menschen machen sie. Mächte – ja; aber nicht anonyme Mächte. Es sind geistige Wesenheiten, die da wirksam sind. Es ist – vor allem – der Auferstandene.

Eine solche Vorstellung zu vollziehen, fällt dem modernen Menschen sehr schwer. Wohl ist er vielleicht bereit zuzugeben, daß Gott in der Geschichte wirkt. Aber das bleibt dann doch immer im Allgemeinen und Unklaren und »Unerforschlichen«. Doch will uns scheinen, daß die ganze Geschichte der romanischen Kunst, wie wir sie darzustellen versuchten, anders gar nicht zu verstehen ist und durch sich selbst zu einer solchen Auffassung führt. Denn ist das nicht deutlich, daß da ein ganz konkreter Wille zu einer bestimmten Gestalt des Menschen wirksam ist, der aber – auch darüber kann gar kein Zweifel bestehen – den Menschen selbst kaum bewußt ist, den sie nur ahnen und dem zu folgen sie sich bemühen? Und daß dieser – nicht im menschlichen, sondern in einem höheren Sinne – »bewußte Wille« in dem Mysterium der Auferstehung wurzelt und den höheren, den auferstandenen Menschen zum Ziel hat, ist ja gerade, was wir darzustellen suchten. ER also ist es eigentlich, der Sehnsucht hat nach dem Menschen, nach der Verklärung der Erde.

Vézelay weiß und schildert aber auch die Sphäre, in der dieses Ringen um die Erde sich abspielt. Nicht nur das Gewand des Christus ist wie strömendes Wasser – so sehr, daß immer wieder Wirbel sich bilden. Das gleiche gilt, wenn auch bezeichnenderweise in etwas vermindertem Maße, für die Apostel (Abb. 83, 84). Es ist, als schritten oder stünden sie in strömendem Wasser, das mächtig vom Winde bewegt wird. Es sind die Ströme des ätherischen Lebens, das vom Geistessturm bewegt wird. Dort, in dieser Schicht des Weltenseins, wohnt, was – und wer – eigentlich die Welt bewegt und dann in seinen Wirkungen dem irdischen Auge erscheint.

Was so in dem großen Mittelfeld des Tympanons ausgesprochen wird, findet etwas wie eine kontrapunktische Begleitung in dem großen Halbkreis, der das Ganze umgibt. In wie Glieder einer Kette aneinandergereihten Medaillons sind hier die Tierkreiszeichen dargestellt, immer abwechselnd mit den entsprechenden Monatsbildern. Es ist der ruhevolle Sternenhimmel, aber nicht statisch, sondern dynamisch erlebt in dem majestätischen »Kreisen« der Zeit. Das wird im Zenit dieses Bogens ausdrücklich ausgesprochen. Dort sind drei Bilder eingefügt: ein Hund, ein Mensch, eine Sirene. Und alle drei sind so dargestellt, daß sie mit dem Kopf ihre Füße berühren (bzw. die Sirene ihre Schwanzflosse). Es ist die Sphäre des ewigen Werdens, der »Strom« der Zeit, der hier in Erscheinung tritt – so wie im Mittelfeld sich offenbart, was in ihrem »Inneren« lebt.

93. Vézelay. Teufel der Wollust

94. Vézelay. Das Goldene Kalb

95. Vézelay. Die Imker

96. St. Révérien. Die Jakobs-Geschichte

Auch hier im Mittelportal greift die Bildekraft, die das Tympanon ganz erfüllt, auf die tragenden Teile über. Am Mittelpfeiler ist die beherrschende, mit dem Haupt in den Türsturz hineinragende Gestalt Johannes der Täufer mit der großen Schale, in der ursprünglich das Lamm Gottes ruhte, auf das er mit der rechten Hand weist. Ihm zur Seite nach innen zu und ebenso in den beiden äußeren Seitenpfeilern stehen oder schweben Evangelisten und Apostel (Abb. 79). Sie sind es, die im wörtlichen Sinne das »tragen«, was in dem großen Türfeld über ihnen geschieht. Sie tragen es, Menschen tragen es, aber es ist seinem Wesen nach größer; es ist ein Größerer als sie sind. Und sie wissen es. In dem Wort, das sie verkünden, in dem Gespräch, in das sie vertieft sind, geht es um den, auf den der Täufer hinweist: »Siehe das Lamm Gottes, das die Sünde der Welt auf sich nimmt!« Er nahm sie nicht nur auf sich. Er überwand und verklärte sie. Und indem Er sich mit ihr vermählte, wurde Er die Zukunft der Erde und des Menschen. Die ganze romanische Kunst ist ein einziger Preisgesang auf Ihn.

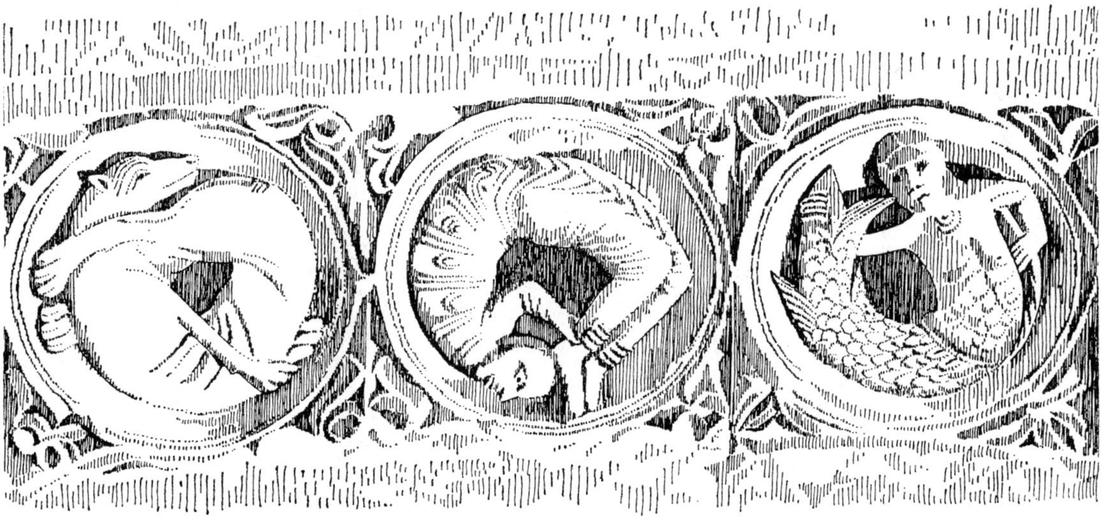

AUSBLICK

Auf dem Wege von Saulieu nach Vézelay ist man, bevor die Straße in das märchenhafte Val du Coussin untertauchte, durch *Avallon* gekommen. Und dort begegnet einem an der im übrigen durch Zerstörung und Vernachlässigung wenig erfreulich anmutenden Kirche St. Lazare (Abb. 97) ein bedeutsames Motiv. Im Gewände des um 1150 entstandenen Portals steht plötzlich die lebensgroße Gestalt eines Propheten, schmal und hoch und ganz in das Gewände gebunden, aber doch vollplastisch (Abb. 98).

Diese Figur markiert den nächsten Schritt, den die Entwicklung vollzieht, der aber hier in Burgund nur noch ganz vereinzelt mitgemacht wird. Die große Stunde Burgunds ist zu Ende. Die Gefährten dieses Propheten von Avallon, deren Abgesandter er gewissermaßen nur ist, stehen am Westportal von Chartres, in Etampes usw. Dort, in jenen nördlicheren Gebieten, schaffte sich der Impuls, der nun weiterführen sollte, seine Heimat. Aber durch ihn trat nur ins volle Licht, was in den anderthalb Jahrhunderten, in denen in Burgund das Herz des Abendlandes geschlagen hatte, gewachsen war.

Im gleichen Augenblick, in dem diese großen Portalfiguren hervortraten, begannen die Figuren-Kapitäle zu verschwinden. Das ist nur logisch. Die Bildekraft, die sich bisher in den Kapitälen im Inneren des Baus ausgewirkt hatte, trat jetzt größer nach außen. Und diese so groß aus dem Bau hervortretenden Gestalten bestätigen es: In ihnen tritt nur hervor, was bislang im Bau, in seiner Gestalt und Dynamik verborgen war – der Mensch.

Die Gestalten, die da um die Mitte des 12. Jahrhunderts gebildet wurden, sind noch ganz ins Architektonische gebunden. In Haltung und Gebärde tritt keine aus ihrer Verhaltenheit hervor. Auch die Antlitze sind in strenge Feierlichkeit gebunden. Die Gewandfalten sind nur Stein gewordene Wachstumsströme.

Aber das ist nur die strenge Kargheit der Knospe. Um die Jahrhundertwende bricht die Blüte zu ihrer ganzen Herrlichkeit auf. Auch dem sind wir schon in Burgund begegnet: in den großen Gestalten vom Lazarus-Grabmal in Autun. Doch will man es in seiner ganzen leuchtenden Fülle erleben, dann muß man wiederum nach Chartres gehen. Was da jetzt am Nord- und Südportal und in der Königsgalerie erscheint, ist doch so, daß man immer nur sagen möchte: was für Menschen!

Welche Würde! Wahrhaft menschliche, von innen her begründete Würde! Welche innere Souveränität! Welcher Friede! Wie unerschütterlich sie in sich selber sind! Wieder müssen wir sagen: Das waren nicht die Menschen jener Zeit. Aber es war das, wozu sie zu erwachen begannen, worin sie sich selbst mit ihrem Besten zuhause fühlten. Auch die Griechen waren im Alltag keineswegs

97. Avallon, Ansicht von Süden

so gelassen wie es ihre herrlichen Standbilder und Reliefs sind. Aber es war über ihnen. Es war etwas, dessen geistige Wirklichkeit sie wahrnahmen und dem sie entgegenwuchsen.

Und was dort in Chartres aufgeblüht war, ging weiter. Der Bamberger Reiter und die Naumburger Stifter, aber auch die Synagoge und die Ekklesia von Straßburg und viele Gestalten in Reims gehören zu diesem Geschlecht.

Es ist das Jahrhundert der großen Gralsdichtungen und des Minnesangs, des Franz von Assisi und des Thomas von Aquino. Es ist die erste großartige Entfaltung abendländischen Menschentums. Und noch wir Heutigen können vor diesen Gestalten nur empfinden, daß sie unsere Zukunft, der wir entgegengehen, sichtbar machen.

Vor ihnen wird deutlich, was das eigentlich ist, wovon wir ganz am Anfang sprachen: christliches Abendland. Es hat nichts mit Dogmatik und nichts mit Sentimentalität und hat nichts mit Rom zu tun.

Dem modernen Menschen liegt es näher, sich an diesen Herrlichkeiten zu erfreuen. Aber man sollte erkennen, daß sie niemals hätten entstehen können, wären sie nicht herausgewachsen aus dem, was in Burgund seine besondere Heimat hatte und sich in seinen romanischen Bauten zum Ausdruck bringt: die ersten Ahnungen eines königlichen Menschentums und der Ruf, »das Grab des Erlösers aus den Händen der Ungläubigen zu befreien« – der Kampf um den Menschen. Auch das ist im Grunde ein in höchstem Maße aktuelles Problem.

Die Kämpfe gegen den Arabismus gingen das ganze Mittelalter hindurch weiter. Auch jene vorhin erwähnten Gestalten und Gestaltungen lebten in – fast möchte man sagen: von – dieser Auseinandersetzung mit dem Islam. Thomas kämpft gegen Averrhoes, Franziskus zieht aus, den Kalifen zu bekehren. Der Minnesang ist Antwort auf die Liebeslyrik der Mauren. Und die Gralsdichtungen sind überhaupt nur auf diesem Hintergrund zu verstehen. Als dann im Jahre 1492 Granada erobert wurde, waren damit die Mauren von dem letzten Stück europäischen Bodens vertrieben. Aber damit war die Gefahr keineswegs gebannt. Eben damals begann die im Arabismus wirksame Macht, erst leise, bald aber immer kräftiger andrängend, einen viel gefährlicheren, weil viel schwerer zu durchschauenden Angriff auf den Menschen. Mit der damals gerade einsetzenden Entwicklung des abstrakten Intellektualismus und Materialismus erhob sie sich nun im Inneren des abendländischen Menschen selbst. Sie ist heute zu einer wahrhaft tödlichen Gefahr herangewachsen, die vom Osten wie vom Westen in gleicher Weise droht. Kein anderer als der abendländische Mensch hat die Möglichkeit, sie zu erkennen und jene Kräfte aufzurufen, die allein ihr zu begegnen stark genug sind.

Auf diese Zusammenhänge hat zuerst Rudolf Steiner (in Vorträgen des Jahres 1919) hingewiesen. So möge zum Abschluß aufgegriffen werden, was im Vorwort begonnen wurde. Wenn dies Buch ein wenig ein Dank ist, so gebührt der letzte und größte Dank ihm, dem großen Lehrer, ohne dessen Lebenswerk dies Buch nicht hätte entstehen können.

ANHANG

ZU DEN BILDERN

TOURNUS (1–7). Die Baugeschichte von Tournus gehört zu den beliebten Streitobjekten der Fachgelehrten. Sicher ist der älteste Teil die Krypta im Osten (970/80 unter Abt Stephanus gebaut) und der 1008/1009 begonnene Westbau, der aber auf älteren Mauern errichtet wurde. Der Bauplan – zumindest in den Ausmaßen – muß also schon um das Jahr 1000 für die ganze Kirche festgelegt worden sein. Das Jahr 1019 (Weihe der Kirche) bedeutet das Ende der ersten Bauperiode. Die Wölbung des Schiffes gehört wohl zu den Arbeiten der zweiten Periode, die der Abt Petrus I. (1066–1107) einleitete. Die erneute Weihe durch den damals in Cluny weilenden Papst Calixtus II. im Jahre 1120 bezieht sich offenbar auf die Erneuerung des Chores. Auch die Erhöhung des nördlichen Turmes der Westfront fällt in diese Zeit. Der Vierungsturm wohl erst um 1150.

1. *Westwerk*. Es handelt sich nicht um eine Fassade mit zwei Türmen, sondern um einen ganz eigenen Bauteil, dessen Kernstück die Kapelle im Obergeschoß war. Eine ähnliche Anlage voller Rätsel (etwa 20 Jahre später entstanden) in St. Benoît, wo aber die als »Podest« für die im Obergeschoß befindliche Kapelle dienende Vorhalle offen ist. Auch dort ist diese den Namen »Tour Gauzlin« tragende Anlage ein in sich ganz selbständiger Bauteil, nicht an die Kirche angebaut, sondern früher als diese errichtet.
2. Die nördliche und mittlere der drei radial gestellten *Chorkapellen*. Die viereckige Form dieser Kapellen, die aus einem runden Chorumgang herauswachsen, ist besonders reizvoll. Man sieht im Mauerwerk deutlich die auf eine lange Bauzeit deutende Verschiedenartigkeit der Schichten.
3. Die *Vorhalle* mit ihren mächtigen Säulen. Erstaunlich, mit welcher Selbstverständlichkeit die Technik des runden Bogens und der Gewölbe – ob nun aus der Römerzeit bewahrt, ob neu erobert – beherrscht wird.
4. *Mittelschiff*. Blick aus dem Chor nach Westen.
5. *Innenansicht*. Blick aus dem nördlichen Querschiff in das Langhaus. Links oben eine Tür, von der einst eine heute nur noch in Ansätzen vorhandene Treppe aus der Michaelskapelle ins südliche Seitenschiff führte. Rechts oben eines der Fenster aus der Michaelskapelle heraus.
6. *Michaelskapelle,* südliches Seitenschiff. Das Doppelfenster im Hintergrund öffnet den Raum in das Langhaus, genau entsprechend einem ebensolchen Fenster im nördlichen Seitenschiff. Dazwischen im Mittelschiff ein großer Rundbogen, vor dem wohl ursprünglich der Altar stand und der sich – heute durch die Rückwand der Orgel und ihr Gebläse unschön verbaut – wahrscheinlich auch ins Langhaus öffnete.
7. Der ehemalige *Kreuzgang* an der Südwand der Kirche mit schlichten, leider sehr verwitterten Blattkapitälen über den Säulen.

CLUNY (8–13). Über die Baugeschichte und die Schicksale des Baus ausführlich im Text (S. 23 ff.). Grundriß S. 34. Rekonstruierte Ansichten nach Prof. Conant S. 25 und 27.

8. Blick auf den einzig erhalten gebliebenen »*Weihwasser-Turm*«. Die Aufnahme macht den Ruinen-Charakter von Cluny sichtbar.
9. Ein *Kapitäl* aus dem Schiff mit zwei Drachen. Ein Beispiel für die offenbar zahlreichen »Monstren«, gegen deren Darstellung in den Kirchen Bernhard von Clairveaux sich leidenschaftlich wandte, die aber den Menschen des 11. Jahrhunderts als ein Bestandteil der Welt noch ganz selbstverständlich waren.
10. Kapitäl der ersten Säule am Choreingang links mit Darstellung des Sündenfalls. Rechts Adam und Eva, die verbotene Frucht genießend. In der Mitte die Schlange um den Baum geringelt. Links der Herr, vor dem die Gefallenen sich im Gebüsch verstecken. – Offenbar von einer ganz anderen Hand als die übrigen Kapitäle.
11. Von dem Kapitäl mit der Darstellung der »Tugenden« »*die Hoffnung*«. Auf den anderen drei Seiten waren der »Glaube«, die »Barmherzigkeit« und die »Gerechtigkeit« dargestellt.
12. *Der erste Ton,* d. h. die erste der acht Tonarten des gregorianischen Chorals. Die Umschrift: »Hic tonus orditur modulamina musica primus.« Symbol für die aus der Einheit hervorgehende Schöpfung, in der das Chaos harmonisiert wird. Daher die ganz jugendliche Gestalt mit der Laute.
13. *Der vierte Ton* mit dem »Tintinnabulum«, einem Glockenspiel-ähnlichen Instrument auf den Schultern. Die Umschrift: »Succedit quartus simulans in carmine planctus« (»Folgt der vierte, der im Liede die Klage zum Klingen bringt«). Das Tintinnabulum wurde in Cluny immer gespielt, den Tod eines Mönches anzuzeigen. – Die gleiche Darstellung auch in Autun (Abb. 63) und in Vézelay, linkes Seitenportal (Abb. 81).

14. 15. Die kleine Kirche von BRANCION, schon seit langem nur noch »Monument historique«, gehört durch ihre schlichte Klarheit und Harmonie wie auch durch ihre landschaftliche Lage zu den Juwelen Burgunds. Auf einem wie ein Vorgebirge in weite Täler vorspringenden Hügelrücken, der schon den Kelten – zweifellos als Kultstätte – gedient hat, steht man dort hoch über dem Land und genießt einen einzigartigen weiten Ausblick. Die Kirche stammt aus dem 12. Jahrhundert und gehörte zu einer Ansiedlung, deren Kern die Burg eines mächtigen und reichen Geschlechtes war. Die Kirche, fast ohne jeden plastischen Schmuck, wirkt nur durch die Reinheit ihrer architektonischen Verhältnisse. Innen ist sie fast dunkel, da das nur wenig über die Seitenschiffe erhobene Mittelschiff keinen Lichtgaden besitzt. Wahrscheinlich hat man es hier schon mit zisterziensischen Einflüssen zu tun.

PARAY-LE-MONIAL (16–21). Über die Baugeschichte ausführlich im Text (S. 40 f.). – 1875 wurde die ursprüngliche Kloster-, seit der Revolution Parochial-Kirche zur Herz-Jesu-Basilika erhoben und damit zum Mittelpunkt des ganzen Herz-Jesu-Kultes, der auf die Visionen einer Ende des 17. Jahrhunderts hier in Paray lebenden Konventualin Marguerite-Marie zurückgeht.

16. *Der Chor* von Paray-le-Monial gehört zu dem Schönsten, was die Romanik hervorgebracht hat. Wie der aufsteigende Rhythmus – von den Chorkapellen über den Chorumgang zum hohen Chor und schließlich zum Schiff – im Vierungsturm überhöht wird und zugleich seine Beruhigung findet, wie die aufstrebenden mit den Schwere-Kräften, die ins Weite wachsenden mit den begrenzenden, die Masse- mit den Formkräften in ein lebendiges Gleichgewicht gebracht sind, ist einzigartig.
17. *Paray-le-Monial von Westen.* Die Kirche ist nicht nach Osten, sondern stark nach Nordosten orientiert, was auf vorchristlich-keltische Einflüsse schließen läßt. Das Querschiff ist unverhältnismäßig groß; jeder seiner Arme ist fast so lang wie das Langhaus. – Von den beiden Eingangstürmen ist der südliche – nicht in der Achse stehende – aus dem 11. Jahrhundert. Nur der nördliche Turm entstammt der gleichen Bauperiode wie die Kirche selbst.
18. *Chorpartie.* Vgl. Nr. 16.
19. *Innenansicht.* – Der Wandaufbau ist ziemlich genau der gleiche wie in Cluny. Vor kreuzförmigen Pfeilern stehen zum Mittelschiff hin kannelierte Pilaster, auf den drei anderen Seiten Säulen. Darüber Triforium und Lichtgaden. Nur in den Mittelschiff-Arkaden Spitzbogen, sonst überall Rundbogen. Besonders eindrucksvoll, wohl auch ähnlich wie in Cluny, die ungewöhnlich hohen und schlanken Säulen an der Grenze von Chor und Chorumgang. – Das Bild in der Wölbung der Chorapsis aus dem 13./14. Jahrhundert.
20. Das *Nordportal* von Paray ist einer der ganz seltenen Fälle, wo tatsächlich ein gewisser maurischer Einschlag spürbar ist.
21. *Detail von der Chorwand.* Der plastische Schmuck von Paray beschränkt sich im Inneren auf sehr schlichte Blatt-Kapitäle, an der Außenwand auf eine eigenartige Verbindung des Blatt- und des Knoten-Motivs.

MONTCEAUX-L'ETOILE (22–25). Wie Neuilly-en-Donjon eine kleine Kirche, fast nur Kapelle. Um so erstaunlicher das reiche Portal. Um 1120.

22. *Portal.* Gesamtansicht.
23. *Tympanon.* Vgl. Text S. 57 ff.
24. Die faunartige *mythische Figur* im Kapitäl mit rundem Buckelschild, spitzer Kappe und bis auf einen Lendenschurz nacktem Körper ganz ebenso in Perrecy-les-Forges, in Autun, Vézelay, Cluny usw. (s. Nr. 45).
25. *Kämpfender Engel.* Hier – eine seltene Darstellung – mit Helm und Kettenhemd.

ANZY-LE-DUC (26–39). Begonnen (Chor) um 1050, Querschiff und Langhaus von da aus fortschreitend bis etwa 1090, Westportal 1118.

26. Das Tympanon des *Westportals* läßt trotz seiner fast völligen Zerstörung doch noch die großartige Anlage erkennen: den Schwung der großflügligen Engel beiderseits der Mandorla, die

Bewegtheit der unteren Gruppe, den Reichtum der – entweder Kelche oder Geigen in Händen haltenden – apokalyptischen Könige in der Archivolte. Vgl. Text S. 67 ff.

27. *Außenansicht.* Der sehr hohe achteckige Vierungsturm ist charakteristisch für die burgundische Romanik.

28. *Der Chor* von Anzy-le-Duc mit den nicht radial, sondern durchweg nach Osten orientiert herauswachsenden Kapellen gehört zu den eigenartigsten Schöpfungen. Die technische Primitivität – ganz aus Bruchsteinen aufgebaut! – verbindet sich mit einem ausdrucksstarken Gestaltungswillen.

29. *Die Innenansicht* läßt deutlich die von Osten nach Westen von Jahrzehnt zu Jahrzehnt fortschreitende Vervollkommnung der Technik erkennen.

30. *Daniel in der Löwengrube* (?). Das gleiche Motiv fast »wörtlich« so auch in dem etwas südlich gelegenen Charlieu, in Neuilly-en-Donjon und an anderen Orten.

31. *Simson (oder David?) bezwingt den Löwen.* Ebenfalls ein gern gebrauchtes Motiv.

32. *Der Streit.* Eines der vielen rätselhaften mythischen Motive. Weit verbreitet in der ganzen romanischen Kunst ist der große Kopf mit den spitzen Ohren, dem lang herabfließenden Bart und der übermäßigen, weit heraushängenden Zunge – ein dämonisch-elementarisches Wesen. Wer aber ist die Gestalt rechts mit dem riesigen Haupt und den viel zu kurzen Beinen? Und die beiden Alten auf der Vorderseite des Kapitäls, die einander an Bart und Haupthaar fassen, streiten sie? Oder bedeutet diese Gebärde etwas ganz anderes?

33. *Der Schlangen-Überwinder.* (Vgl. Text S. 63 f.)

34. *Kämpfender Engel.* Taucht immer wieder auf. Bei dem Teufel ist der rechte Arm abgebrochen; er hielt eine dreizinkige Gabel als Waffe, die am Schild des Engels abgleitet.

35. *Mythische Szene.* Ein dämonisches Wesen mit flammenden Haaren spielt auf einer Flöte und tanzt dazu. Es tanzt auch das seltsame Paar (männliches und weibliches Wesen?), das aus einem Unterleib herauswächst. Und auch der Mann, der das schwer zu identifizierende Tier hochschwingt, tanzt mit ihm. Ist es der berauschende Tanz der Welt?

36. Einer der *apokalyptischen Könige* vom Westportal. Das Bild der 24 Ältesten in der Apokalypse, die »das neue Lied singen«, in dem es heißt: »... Hast uns zu Königen und Priestern gemacht ...« (Apok. 5) – daher also Musikinstrument, Krone und Kelch – gehört zu den lebendigsten und verbreitetsten Vorstellungen der Epoche.

37. Die aus Blütenkelchen *trinkenden Tauben* sind ein Motiv, das schon z. B. auf Sarkophagen in Ravenna vorkommt: Die Seele, die aus dem Kelch des Lebens trinkt.

38. *Die Paradiesesflüsse.* Bild der Urlebensströme. Der Baum, der aus ihnen emporwächst, will natürlich nicht Abbild, sondern Urbild sein.

39. *Tympanon vom ehemaligen Klosterportal* (vgl. Text S. 75 f.). In den Kapitälen links das Opfer Abrahams, »Vor-Bild« des größeren Opfers des Sohnes auf Golgatha. Rechts eine schwer erklärliche Szene: ein Gefesselter und eine andere Gestalt, die aus einem Gefäß etwas zu ihm hingießt – Erquickung oder Qual?

40. Das *Tympanon* von NEUILLY-EN-DONJON, einem kleinen Dorf westlich der Loire. Entstanden

etwa 1130. Zum Tympanon und Sturz vgl. Text S. 76. In den Kapitälen rechts wieder Daniel (vgl. Nr. 30), links von Teufeln Geplagte.

Die Kirche der Benediktinerabtei in CHARLIEU ist bis auf die Grundmauern zerstört. Erhalten blieb die Vorhalle im Westen mit einem nach Norden sich öffnenden Doppelportal in einem fast ans Barock erinnernden Reichtum an bewegter Gestalt, ähnlich dem viel weiter nördlichen Avallon. Um 1150.

41. *Tympanon.* Vgl. Text S. 74 f.

In PERRECY-LES-FORGES (42–45) ist nur die Vorhalle im ursprünglichen Zustand erhalten, während die Kirche selbst durch spätere Umbauten verdorben ist. Als Baubeginn wird 1120 angenommen.

42. *Vorhalle.* In dem linken Kapitäl des mächtigen Mittelpfeilers zwei Elefanten.
43. *Tympanon.* Berühmt und fast einzigartig in dieser Zeit die beiden sechsflügeligen Engel rechts und links des thronenden Christus. Vgl. Text S. 80 f.
44. *Kapitäle links vom Portal.* Ganz rechts an dem den Sturz tragenden Pfeiler offenbar Michael auf der überwundenen Schlange stehend. Dem Einsiedler (?) auf dem Kapitäl weiter links stand jenseits des »Baumes« eine andere Gestalt gegenüber, die jetzt bis auf die Füße zerstört ist.
45. *Kapitäle rechts vom Portal.* Links ein gegen einen Dämon kämpfender Engel. Rechts die gleiche faunartige Gestalt mit dem Buckelschild wie in Montceaux, hier wie in Vézelay und Cluny gegen einen dreiköpfigen Vogel kämpfend. (In Autun hinter einem Basilisken stehend, während der dreiköpfige Vogel unabhängig davon in einem anderen Kapitäl erscheint.) Ist der dreiköpfige Vogel ein Sinnbild der Trinität, der Kämpfer ein Vertreter der vorchristlichen »wilden« Welt?

St. Lazare in AUTUN (46–49, 51–69) wurde nicht als Kathedrale gebaut. Als solche galt eine ältere, heute verschwundene, St. Nazaire geweihte Kirche. Erst im 13. Jahrhundert, als St. Nazaire baufällig wurde und nicht erneuert werden konnte, gingen Funktion und Titel auf St. Lazare über. – Viele spätere An- und Umbauten haben die Außenansicht völlig verändert. Baubeginn etwa 1120, Weihe durch Papst Innocenz II. 1130 (bedeutet nicht Vollendung des Baus!). 1146 Überführung der Gebeine des Lazarus aus der Kathedrale nach St. Lazare. – Große Zerstörung durch Umbauten in den Jahren 1766–89 (Text S. 82 ff.).

46. *Vorhalle.* Erbaut für die zu den Reliquien des Lazarus, der mit dem »Armen Lazarus« (Luk. 16) identifiziert wurde, wallfahrtenden Leprosen nach 1150. Die heutige Form mit der großen Freitreppe modern. Ursprünglich als wirkliche Vorhalle mit ebenem Boden (Zugang von Norden) gebaut. – Die Darstellung des Jüngsten Gerichts auf dem Tympanon – von 1789 bis 1837 unter einer Stuckschicht vergraben – war ursprünglich in der inneren, jetzt leeren Archivolte von den Figuren der 24 Ältesten umgeben. In der äußeren Archivolte die Tierkreis- und Monatszeichen. – Der Mittelpfeiler ebenso wie die den Sturz tragenden Kapitäle modern er-

neuert. – Auf dem Sturz und Tympanon trennenden Streifen in der Mitte die berühmte Zeile »Gislebertus hoc fecit« (»Dies hat Giselbert gemacht«), eine der ganz seltenen Selbstbenennungen mittelalterlicher Künstler.

47. *Christus* vom *Tympanon.* Hinter ihm – gleichsam sein Thronsitz – die himmlischen Wohnungen.

48. *Vom Tympanon. Linke Hälfte.* Links oben »himmlische Wohnungen«. Ein Engel hilft einer Seele, sie zu erreichen. Wie tröstlich! Die große Gestalt Petrus mit dem Schlüssel. Ganz rechts Selige.

49. *Vom Tympanon. Rechte Hälfte.* Ganz links Michael an der Seelen-Waage. In der einen Waagschale eine Seele (beschädigt), in der anderen ein Teufel. Ganz rechts, mit einer Hand sich an den Waagbalken hängend, ein großer Teufel, um dessen Fuß sich die Schlange windet, mit weit geöffnetem Maul gegen Michael züngelnd.

Die Kirche von Bois-Sainte-Marie, einem kleinen Dorf etwa 20 km südöstlich Paray-le-Monial, ist nicht nur architektonisch interessant und von einem ganz eigenen Zauber; sie birgt eine überraschende Zahl großzügig geformter Kapitäle aus der Zeit um 1100, im Stil denen von Anzy-le-Duc verwandt.

50. Bois-Sainte-Marie. *Höllenszene.* Mit innigem Vergnügen reißen zwei schauderhafte Teufel einem Menschen die Zunge aus, die er zu Lügen, Verleumdungen usw. mißbraucht hat (vgl. Text S. 89).

51. Autun. *Kapitäle der Vorhalle links.* Ganz links: die Geschichte vom Wolf und dem Kranich. Mitte: die Vertreibung der Hagar und ihres Sohnes durch Abraham und Sarah. Rechts: apokalyptische Könige (für die der Platz auf der Archivolte offenbar nicht ausreichte, ähnlich wie in Anzy-le-Duc).

52. *Kapitäle der Vorhalle rechts.* Links: die Darstellung im Tempel. Mitte: die Geschichte des Eustachius (Hubertus). Rechts: Hieronymus zieht dem Löwen den Dorn aus dem Fuß.

53. *Innenansicht.* Vor den kreuzförmigen Pfeilern stehen hier auf allen vier Seiten kannelierte Pilaster, die in Cluny, Paray, Saulieu usw. nur zum Schiff hin stehen, während auf den anderen drei Seiten dort Säulen erscheinen.

54. *Versuchung.* Kapitäl am nördlichen Seitenschiff. Dargestellt die mittlere der Versuchungen (nach Matth.); der Teufel »auf der Zinne des Tempels«.

55. *Ostermorgen.* Kapitäl am nördlichen Seitenschiff. Maria Magdalena vor dem Auferstandenen (»Noli me tangere«), die beiden anderen Marien vor dem leeren Grab, auf dem der Engel sitzt. Der Bildhauer hat ebenso liebenswürdig wie ehrfurchtsvoll allen heiligen Gestalten Kissen unter die Füße gelegt.

56. *Die schlafenden Könige.* Kapitäl im Kapitelsaal, ursprünglich im Chor.

57. *Das Opfer der Könige.* Kapitäl im Kapitelsaal, ursprünglich im Chor.

58. *Flucht nach Ägypten.* Kapitäl im Kapitelsaal, ursprünglich im Chor. – Zu den eigenartigen runden Scheiben zu Füßen des Esels s. Nr. 72.

59. *Adam oder Kain.* Die Deutung dieses Kapitäls – im Kapitelsaal, ursprünglich im südlichen Seitenschiff – ist unsicher. Entweder ist es Adam, der vom Herrn den Spaten empfängt mit dem Auftrag, die Erde zu bebauen. Oder es ist Kain, der noch die Keule in der Hand hält, mit der er seinen Bruder Abel erschlug.

60. *Tod des Judas.* Kapitäl im Kapitelsaal, ursprünglich im südlichen Seitenschiff, dem vorigen gegenüber.

61. *Der Sturz des Simon.* Ebenso wie

62. *Der Magier Simon* im südlichen Seitenschiff nach einer Legende, die erzählt, der Magier aus Samaria (Apg. 8) habe die Fähigkeit gehabt zu fliegen, bei dem Gebet des Petrus und Paulus aber sei er abgestürzt. Ausdruck dafür, daß das christliche Gebet jene magischen, in Wahrheit erdflüchtigen Kräfte nicht nur ohnmächtig macht, sondern auch enthüllt, daß sie einer Macht entstammen, die sich – wie der Teufel ganz rechts – der Vernichtung des Menschen freuen.

63. *Der vierte Ton.* Im südlichen Seitenschiff. Vgl. das über die entsprechende Darstellung in Cluny (Nr. 13) Gesagte.

64. *Eva.* Jetzt im Musée Rolin. Ursprünglich wohl Türsturz im Nordportal, das mit großen und reichen plastischen Darstellungen ausgestattet war, in ihrem Mittelpunkt eine Auferweckung des Lazarus. Es wurde in der zweiten Hälfte des 18. Jahrhunderts abgebrochen und »modernisiert«, von der gleichen Generation, die auch das Tympanon am Westportal zugipste, die in Chartres den Chor auf Wirkung drapierte und dabei ein halb Dutzend alter Glasmalereien herausschlug usw. – Zur Darstellung vgl. Text S. 99.

65. *Auferstehung der Maria.* Jetzt im Musée Rolin, ursprünglich vielleicht auch am Nordportal? Vgl. Text S. 103.

66. 67. 68. *Martha, Maria Magdalena und Andreas* vom Lazarusgrab. Jetzt im Musée Rolin. Das Lazarus-Grab wurde im Jahr 1170 durch den Mönch Martin inmitten des Chores errichtet. Es wurde im Zuge der zerstörerischen »Modernisierungen«, denen auch das Nordportal zum Opfer fiel, abgebrochen. – Vgl. Text S. 109.

69. *Jüngling.* Jetzt im Musée Rolin, ursprünglich vielleicht auch am Nordportal. Eine der zauberhaftesten Gestalten – nicht nur von Autun.

Saulieu (70–78) hat offenbar schon eine frühchristliche Gemeinde gehabt. Hinter dem Hauptaltar im Chor ist ein erst vor einigen Jahren bei irgendwelchen Grabungen gefundener Stein aufgestellt, dem ein Fisch in der aus den Katakomben bekannten Form eingezeichnet ist. Die Kirche St. Andoche gehörte zu dem Kloster, dessen Abt Etienne de Bâgé war, bevor er zum Bischof von Autun berufen wurde. Baubeginn 1112. Der Chor, 1359 durch Feuer zerstört und 1704 stillos wieder aufgebaut, hatte ursprünglich sicher auch die cluniazensische Form mit Chorumgang.

70. *Innenansicht.* Dreiteiliger Wandaufbau wie in Cluny, Paray, Autun usw.: hohe spitzbogige Arkaden, Triforium, Fenstergaden. Kreuzförmige Pfeiler, hier aber durchweg mit davorgestellten Säulen, auch zum Mittelschiff.

71. *Versuchung.* Hier die erste Versuchung (nach Matth.). Der Teufel mit dem Stein, der zu Brot werden soll, Christus mit dem Buch (»Es steht geschrieben...«).

72. *Flucht nach Ägypten.* Wie in Autun der Esel auf eigenartigen runden Scheiben stehend, hier eine unter jedem Fuß. Über ihre Bedeutung hat man viel herumgerätselt und die phantastischsten Hypothesen aufgestellt. Man kommt der Wahrheit doch wohl am nächsten, wenn man sie in Zusammenhang mit den Palmsonntagsprozessionen sieht, bei denen ein Esel auf Rädern mitgezogen wurde. Das heißt: Man sah auch die Flucht als ein mythisch-kultisches Bild, stellte sie bewußt in diesen Zusammenhang. Am eindrucksvollsten ist das an einer Darstellung in der Vorhalle von St. Benoît zu sehen, (das freilich nicht mehr zu Burgund gehört). Da ist dies Bild ineinandergesehen mit dem apokalyptischen Bild von dem »Weib mit der Sonne bekleidet...«, das einen Sohn gebiert, vor dem Drachen fliehen muß und dem Michael zu Hilfe kommt: links Michael mit dem Drachen, dann die Jungfrau mit dem Kind auf dem Esel, Josef, und schließlich Herodes. – Man »sah« eben all diese Bilder nicht als *Abbilder* historischer Ereignisse, sondern als *Urbilder* seelischer Geschehnisse.

73. *Kentaur.* Der Kentaur mit Pfeil und Bogen wurde als Zeichen für das Tierkreisbild des Schützen gebraucht, das astrologisch als Todeszeichen gilt, andererseits über dem Weihnachtsmonat steht. Vielleicht aber weckte und meinte dies Bild noch ganz andere Empfindungen.

74. 75. *Ostermorgen.* Die Verwandtschaft der Darstellungen in Autun und Saulieu darf man nicht – wie Grivot-Zarnecki – so sehen, daß Gislebertus in Autun der Erfinder, der Bildhauer von Saulieu der Nachahmer sei. Saulieu ist ja vermutlich sogar früher; und der Meister von Saulieu ist ein ganz eigener und eigenwilliger. Sie hat ihren Ursprung wohl vielmehr in dem gemeinsamen Bauherrn, dem Abt-Bischof Etienne de Bâgé, der ein tief religiöser Mann, nicht nur ein Kirchenfürst war. (Er verließ 1136 seinen Bischofspalast in Autun, um als Mönch in Cluny zu leben.) Er gab zweifellos die darzustellenden Motive an, die die Bildhauer dann – jeder in seiner Weise – in Gestalt umsetzten (75 rechts an 74 anschließend).

76. *Kämpfende Tiere.* Ein Musterbeispiel für die Eigenart des imaginativen Schauens, das dem Meister von Saulieu eigen war. Zweifellos ist gemeint, daß die beiden Männer – auf der Abbildung nur der eine sichtbar, von dem andern nur eine Hand –, die die Tiere am Schwanz halten, es sind, die aufeinander losgehen. Das heißt: Ihre Wut bäumt sich so zähnefletschend mit heißem Atem auf. Und wer wüßte nicht, wie schwer diese Tiere zu bändigen sind, wenn sie erst einmal sich aufgerichtet haben.

77. *Elementarwesen.* Unseres Wissens die einzige derart »unverblümte« Darstellung elementarischer Wesen (vgl. Text S. 109). Hier vor allem ist evident, daß die These von Grivot-Zarnecki (»Gislebertus. Meister von Autun«, Wiesbaden 1962), der Bildhauer von Saulieu sei ein Gehilfe von Gislebertus gewesen, einer zwar verständlichen, aber jedes Maß überschreitenden und wirkliche Erkenntnis verhindernden Verliebtheit in ihr Gislebertus-Bild entstammt (vgl. auch das zu 74/75 Gesagte).

78. *Bileam.* Ein häufig dargestelltes Motiv. Der alte mächtige Magier, der geholt wird, das Volk Israel zu verfluchen, dessen Esel dann den Engel sieht (den Bileam selbst nicht sieht) und der

ihm in den Weg tritt, den Fluch in Segen zu verwandeln. Hier in Saulieu (vgl. das zu Abb. 77 Gesagte) zweifellos aus der Empfindung heraus zur Darstellung gewählt: Alle Kreatur ist geistverwandt! Aber auch: weil Bileam in seiner Entrückung schon den Stern sieht, der über dem Volk waltet und der »aus Jakob aufgehen« soll. Auch in der Geschichte waltet der Geist, der Mensch werden will.

VÉZELAY (79–95). Über die Baugeschichte vgl. Text S. 120 ff.

79. *Mittelportal* der Vorhalle, wohl das figurenreichste Portal der romanischen Epoche (vgl. Text S. 140).
80. *Christus* vom Tympanon des Mittelportals. Eines der eindrucksvollsten Beispiele dafür, wie Gewänder nur als Vorwand benutzt werden, um etwas ganz anderes darzustellen: das Strömen der Lebenskräfte. Wie wollte man sonst die Wirbel erklären, die sich aus herrlichen, weit ausholenden Schwüngen an der Hüfte und den Knien der Gestalt bilden. Bedeutungsvoll, daß sie bei keiner der vielen Figuren so voll ausgebildet sind wie gerade bei dem, der sich selbst als »das Leben« bezeichnen durfte.
81. *Linkes Seitenportal.* Portal des Todes und seiner Überwindung (vgl. Text S. 134 f.).
82. *Rechtes Seitenportal.* Portal der Geburt (vgl. Text S. 134 f.).
83. *Petrus und Paulus* im Gespräch. Vom rechten Pfeiler des Mittelportals.
84. Der Evangelist *Johannes* vom Mittelpfeiler des Mittelportals.
85. *Kämpfender Engel* vom linken Seitenportal.
86. *Verkündigungs-Engel* vom rechten Seitenportal.
87. Blick in das *linke Seitenschiff.*
88. Blick in das *Mittelschiff.* Der Wandaufbau hier ohne Triforium, die großen Arkaden mit Rundbögen – also entsprechend dem Schema von Anzy-le-Duc, nicht an Cluny orientiert.
89. *St. Eustachius.* Das gleiche Motiv von dem – bei uns unter dem Namen Hubertus bekannten – ritterlichen Jäger, der bei der Verfolgung eines Hirsches plötzlich eines inmitten seines Geweihs erscheinenden Kreuzes (auf dem Kapitäl in Vézelay abgeschlagen) ansichtig wird, auch in Autun (Abb. 52). Ausdruck der Empfindung, daß das Mysterium von Tod und Auferstehung, d.h. das Mysterium der Wandlung für alle Kreatur und ihre Erlösungsbedürftigkeit gilt. Vgl. dazu auch das Kapitäl Abb. 77 von Saulieu und das im Text S. 109 dazu Ausgeführte.
90. *Der reiche Mann und der arme Lazarus.* Links der nicht einmal in einem Bett gestorbene Lazarus, dessen Seele von Engeln emporgetragen wird. Rechts der Tod des reichen Mannes auf einem prächtigen Bett, an dessen Fußende eine Magd, am Kopfende seine Frau, die entsetzt miterlebt, wie seine Seele von Teufeln weggerissen wird, indessen unten schon die Schlangen sich sammeln.
91. *Knabenraub.* Mythologische Szene, deren Fabel wir nicht mehr kennen.
92. *Die mystische Mühle.* Vgl. Text S. 132.
93. *Teufel der Wollust.* Vgl. Text S. 132.

94. *Das Goldene Kalb*. Vgl. Text S. 132.

95. *Die Imker*. Vgl. Text S. 132.

Die Kirche von St. Révérien, etwa 50 km südwestlich Vézelay gelegen, war im vorigen Jahrhundert schon zur Ruine verfallen und wurde neu aufgebaut. Einige Kapitäle aus der ersten Hälfte des 12. Jahrhunderts erhalten.

96. Die Darstellung der *Jakobsgeschichte* ist außerordentlich selten, wenn nicht sogar einzigartig. Links auf dem Bett der erblindete Isaak, vor ihm Jakob, der sich für Esau ausgibt, hinter diesem Esau, der Jäger, mit dem Köcher an der Seite und dem erbeuteten Wildbret über der Schulter. Rechts die Szene am Jordan, wo Jakob im Traum erlebt, wie »Himmelskräfte auf und nieder steigen«.

97. *Avallon*. Ansicht von Süden. Siehe Text S. 146.

98. Das *Portal von St. Lazare* in Avallon mit der ersten lebensgroßen Gestalt (eines Propheten) im Gewände – ursprünglich ähnliche anstelle der jetzigen glatten Säulen – leitet zu der nächsten Phase der schon zum Gotischen hingehenden Entwicklung über, die dann in Laon, Senlis, Etampes und Chartres (Westportal) mächtig hervortritt.

REGISTER

Abälard 35, 60
Abel 159
Abendmahl 77, 78, 134
Abraham 55, 156, 158
Adam 76, 77, 99, 132, 154, 159
Adler 132
Allerseelen 29
St. Andoche 109, 159
Andreas 109, 159
Anzy-le-Duc 25, 59, 67, 75, 89, 132, 155, 156, 158, 161
Apostel 140, 145
Araber 11, 44, 46, 48, 52
Arabismus 48 ff., 149
Archimbald, Erzbischof von Sens 12
Architektur 50, 92, 94, 98
Aristoteles 44
Artaud, Abt 123
Auferstehung 70, 98, 103, 109, 132, 134, 140, 161
Augustodunum s. Autun
Augustus 120
Autun 80, 82f., 109, 120, 123, 132, 146, 154, 155, 157, 159f.
Avallon 146, 157, 162
Averrhoes 50, 149

Bamberger Reiter 149
Baum der Erkenntnis 63, 77
Baum des Lebens 77
Baume 25
Benedikt, hl. 17
Benedikt VIII., Papst 29
Benediktiner 123
Benediktinerabtei 26, 157
Benediktinerkloster 40
St. Benoît 153, 160
Bernhard von Clairvaux 35, 123, 154
Bernon, Abt v. Baume und Gigny 23, 25, 26, 59, 60
Bewußtsein, intellektuelles 48
Bewußtsein, mythisches 60
Bibracte 82
Bileam 160, 161
Blüte 67, 74, 75, 156
Bois-Sainte-Marie 89, 158
Brancion 26
Bruckner, Anton 52
Byzantiner 29

Cäsar 10, 11, 82
Cahors, Bischof von 29
Calixtus II., Papst 153
Canossa 31
Castor 49
Charlieu 69, 74, 75, 156, 157
Chartres 31, 46, 52, 87, 134, 146, 149, 159, 162
Christentum 10, 80, 83, 103
Christus 26, 29, 48, 49, 67, 74, 77, 80, 82f., 87, 89, 103, 109, 132, 134, 140, 157, 158, 160, 161
Citeaux 35
Claudius 120
Cluny 23 ff., 40, 42, 48, 52, 55, 57, 59f., 67, 80, 87, 89, 94, 120, 123, 125, 132, 153f., 157ff.
Cluny II 25, 26
Cluny III 25, 31, 40, 60
Columban, hl. 10, 17
Compostela s. Santiago
Conant, K.J. 25, 27, 34, 154
Cordoba 42, 44, 50

Daniel 60, 156, 157
David 60, 156
Drache 154, 160

Einsiedler 80, 157
Elefant 157
Elementarwesen 109, 160
Emanation 50
Emmaus-Geschichte 134
Empire monastique 26, 31
Engel 56, 57, 63, 67, 74, 76, 80, 87, 93, 94, 103, 127, 134, 155ff.
Entelechie 50
Esau 162
Esel 158, 160
Etampes 146, 162
St. Etienne (St. Stephan) 10
Etienne de Bâgé 87, 109, 153, 159, 160
Eustachius s. Hubertus
Eva 76, 77, 99, 102, 132

Faust 52, 127
Fisch 83, 159
Franz v. Assisi 149

Geburt 69, 132, 134, 161
Geige 156
Gelasius II., Papst 25
Gérard de Roussillon 120
Gerbert von Aurillac, Erzbischof v. Reims 11, 46
Gigny 25
Giselbert (Gislebertus) 158, 160
Goethe 78
Gotik 42
Gregor VII., Papst 31
Griechen 53, 55, 84, 146
Grünewald, Matthias 103

Hagar 158
Hakam II. 44
Heilige Drei Könige 75, 76f., 94, 134, 158
Heiliges Grab 29, 52
Heinrich II., Kaiser 29
Heinrich IV., Kaiser 31
Herodes 160
Hieronymus 158
Hildebert, Bischof v. Mans 31
Hildebrand, Mönch 31
Himmelfahrt 26, 57, 67, 69f., 72, 134
Hirsch 161
Homer 87
Honig 132
St. Hubertus 132, 158, 161
Hugo, hl. 40
Hugo Capet 12
Hugo von Semur 31, 35
Hund 132, 140

Ibn Al-Baitar 44
Ibn Firnas 44
Ibn Ruschd s. Averrhoes
Ichthys 83, 84
Inkarnation 52
Innocenz II., Papst 157
Intellektualismus 94, 149
Isaak 162
Islam 29, 42, 49, 54, 56, 94, 149
Israeliten 17, 127

Jakob 161, 162
Jakobus, Apostel 48, 49
Jean Paul 94
Jerusalem 49, 52, 134
Johannes, Evangelist 161
Johannes d. T. 120, 145
Josef 160
Judas 80, 94, 132, 159
Jüngstes Gericht 87, 89, 157

Kain 159
Kalb, goldenes 132, 162
Karl der Große 10, 44
Karl Martell 52
Kastilien, Könige von 29
Kelch 156
Kelten 9, 120, 154
Keltentum 10

Kentaur 160
Konstantinopel 11
Koran 94
Korn 132
Kranich 158
Kreuz 52, 123, 132, 161
Kreuzigung 80, 82
Kreuzzüge 29, 42, 48, 53, 123
Krone 156

Lamm 74, 75, 145
St. Lazare 87, 99, 109, 146, 157, 162
Lazarus 84, 87, 109, 123, 132, 146, 159, 161
Leo IX., Papst 123
Löwe 60, 76, 156, 158
Louis VII., König 123
Lyon 9

Ste. Madeleine 120, 125, 132
Maieul (Majolus), Abt 26, 60
Marc, Franz 53
Maria 57, 67, 74, 103, 159
Maria Jacobi 84
Maria Magdalena 84, 87, 93, 109, 123, 158, 159
Maria Salome 84
Marseille 84
Martha 84, 109, 159
St. Martin, Bischof von Tours 59, 60
Mauren 49, 149, 155
Mekka 52
Merowinger 10
Meyer, C. F. 52
Michael, Erzengel 17, 63, 87, 157, 158, 160
Michaelskapelle 153
Michelangelo 52
Montceaux-l'Etoile 57ff., 155, 157
Morgan, Charles 82
Moschee 42, 50, 94
Moses 94, 127, 132
Mühle 132, 161
Mysterium von Golgatha 52

Naumburg 52, 149
St. Nazaire 17, 157
Neuilly-en-Donjon 76f., 155, 156
Nietzsche, Friedrich 49
Noirmoutier 17
Normannen 11, 17, 46, 120
Novalis 72, 79

Odilon 26, 29, 31, 60
Odon 26
Orléans 46
Ostern 35, 93, 158, 160
Oster-Mysterium 56
Otto I., Kaiser 11
Otto II., Kaiser 26
Otto III., Kaiser 11

Palästina 87
Paradiesesflüsse 55, 67, 156
Paray-le-Monial 40ff., 55, 57, 80, 154, 155, 158, 159
Paris 46
Parzival 52
Paulus 109, 132, 159, 161
Perrecy-les-Forges 80f., 155, 157
Peterskirche 23
Petrus 48, 109, 158, 159, 161
Petrus I., Abt 153
Petrus Venerabilis 35, 60, 132
St. Philibert 13, 17, 20, 23
Pilatus 80
Poitiers 52
Pollux 49
Pons de Mergeuil 35

Raffael 52
Rathgeb, Jörg 103
Ravenna 156
Reims 31, 149
St. Révérien 162
Rom 23, 31, 48
Römer 9, 10, 120

Santi, Giovanni 48
Santiago de Compostela 29, 48, 49, 123
Sara 84
Sarah 158
Sarazenen 11, 29
Saulieu 109, 120, 132, 146, 158, 160, 161
Schaffner, Martin 48
Schlange 63, 76f., 80, 154, 156f., 161
Simon 94, 159
Simson 156
Sirene 57, 134, 140
Steiner, Rudolf 149
Stephan von Bâgé s. Etienne de Bâgé
Stephanus, Abt 153
Stier 76
Straßburg 52, 149
Sündenfall 55, 56, 76, 77, 154
Synode von Troslé 11

Tanz 156
Taube 67, 156
Teufel 52, 57, 109, 132, 134, 156ff.
Thermopylen 53
Thomas von Aquino 149
Tierkreiszeichen 140, 145, 157
Tod 55, 94, 102, 132, 134, 161
Tournus 13ff., 17, 20, 23, 26, 40, 60, 153
Tours 52
Treuga Dei 26, 69
Trinität 157

Ungarn 12
Urchristentum 83

Val du Coussin 146
St Valérien 17, 20
Vercingetorix 82
Verkündigung 132, 134
Versuchung 109, 132
Vézélay 9, 52, 120f., 140, 145, 154, 155, 157, 161, 162
Viollet le Duc 125
Völkerwanderung 10
Vogel 80, 157

Wilhelm von Aquitanien 23
Wolf 158

Zwölf Jünger 57, 67, 74, 77, 134

GOTTFRIED RICHTER

CHARTRES

Die Herrlichkeit der Kathedrale

4., erweiterte Auflage, 160 Seiten, 80 Abbildungen, 7 Zeichnungen, Leinen

»Was die Kathedrale von Chartres, dieses erste, unvergleichliche Zeugnis gotischer Baukunst in Frankreich, verkörpert, wie sich in ihr uraltes Mysterienwissen und Impulse des Christentums vereinigen, das ist das Hauptthema einer reich bebilderten Darstellung Gottfried Richters.
Der Neubau dieser Kathedrale, nach der Vernichtung des vorherigen Baus durch Feuer in der Nacht zum 11. Juni 1194, war ›eine der großen Sternstunden der Menschheit‹. Er dauerte die fast unbegreiflich kurze Zeit von 30 Jahren. Der Name des Architekten, die Namen der Bildhauer, der Schöpfer der 170 alten farbigen Glasfenster sowie die der geistigen Initiatoren des ganzen Bauprogramms sind uns unbekannt, sind hinter einem gewissermaßen von zwei Jahrtausenden inspirierten Werk verschwunden.
Richter weist im einzelnen in klar und knapp formulierten Kapiteln auf, wie diese Kathedrale die Tradition des alten, druidischen Heiligtums, an dessen Stelle sie errichtet wurde, aufgreift und lebendig in sich bewahrt. Er handelt vom Einfluß der berühmten »Schule von Chartres«, er schildert das Entstehen der Kathedrale und deutet ihre Architektur, er beschreibt und deutet dann auch die überwältigend reiche Welt der Skulpturen ihrer Portale, geht auch hier den sichtbaren und unsichtbaren Bezügen dieses Gotteshauses (im wahrsten Sinne des Wortes) nach.
Der Band bietet also sehr viel mehr als Kunstgeschichte. Wie es auch schon in anderen Bänden des gleichen Verlages geschehen ist, wird hier versucht, Interessierten die Augen für die größeren geistigen Zusammenhänge zu öffnen, die jeglichen kulturellen Ausdruck bestimmen.« *Deutsche Presse Agentur dpa*

GOTTFRIED RICHTER

IDEEN ZUR KUNSTGESCHICHTE

6., erweiterte Auflage, 272 Seiten mit 79 neu ausgewählten Abbildungen und 13 Zeichnungen, Leinen

Inhalt: Vom Sinn der Geschichte. Kunstgeschichte als Biographie des Menschen. Architektur und Selbstbewußtsein. Vom Wesen der Ägyptischen Kunst. Zur Geschichte der Ägyptischen Kunst. Die Mission Griechenlands. Der Triumphbogen. Zur Kunstgeschichte des Mittelalters. Der romanische Dom. Die Geburt der Gotik. Die Kunst im Anbruch der Neuzeit. Vom Barock bis zur Moderne.

»Der Autor hat es verstanden, einen gut lesbaren, nicht dozierenden Text mit einer die Themen aufs beste illustrierenden Bildfolge zu vereinen. Das Buch verschafft dem Laien Zugang und hilft auch dem Fachmann, seine Erfahrungen und Kenntnisse neu zu ordnen und von einem umfassenden Gesichtspunkt aus besser zu verstehen.« *Die TAT*

»Mit erstaunlicher Konzentration vermag der Autor das Wesentliche zu umreißen und Verbindungen quer über Jahrhunderte und Jahrtausende hinweg zu schlagen. Der Weg des Menschen von Kultur zu Kultur, von Bewußtseinsstufe zu Bewußtseinsstufe ist der innere Leitfaden, dem die Darstellung folgt.« *Das Münster*

VERLAG URACHHAUS STUTTGART